內戰在東北

熊式輝、陳誠與東北行轅

（三）

Civil War in Manchuria

Hsiung Shih-hui, Chen Cheng, and the Northeast Field Headquarter

- Section III -

導讀

陳佑慎

國家軍事博物館籌備處史政員

國防大學通識教育中心兼任教師

（一）

本套書取材自「國民政府東北行轅民國卅六年度工作報告書」、「東北行轅政務委員會委員會議議事錄」及相關檔案史料。

所謂東北行轅，全稱是國民政府主席東北行轅，行轅主任先後為熊式輝、陳誠，乃國民政府在中國東北地區的軍事、政治總樞。因此，本套書內容除含括國共戰爭的作戰、情報、後勤事項，以及軍事運營方面的經理、人事、編制、監察、兵役、教育、總務、軍法、衛生、政工、砲兵、工兵、通信等管理，也包含了更廣泛的民政、財政等歷史細節。這些內容，對熊式輝、陳誠個人的政治軍事生涯，東北地區的局勢變動，以及全中國的國運，關係十分重大。

且說從頭。東北地區之於中國，具有特殊的政治、軍事、經濟戰略地位。陳誠曾經指出，「日本侵華，是由東北開始的。起初日人的希望，以能奪取東北為已足。假使當時我們認為東北可以不要，則八年抗戰也許不致發生」，而「經過八年浴血抗戰之後，如果勝利的果實，不包括光復東北在內，則千萬軍民的死傷，難

以數計的財產損失，都將成為無謂的犧牲」。[1] 這種看法，國民黨人曾經相當流行。[2]

抗日戰爭結束，「滿洲國」瓦解，日本終於失去對中國東北地區的支配。為了處理東北各省的收復事宜，國民政府於 1945 年 8 月 31 日議決通過「收復東北各省處理辦法綱要」，隨後特設軍事委員會委員長東北行營，初駐長春，後移瀋陽，行營主任為熊式輝。這個東北行營，就是本書主角——東北行轅的直接前身。東北行營運作到 1946 年 6 月，因為國民政府軍事委員會結束、行政院國防部成立，於是，連同其它各地的軍事委員會委員長行營，名義已無法繼續存在。[3] 同年 9 月，東北行營正式改稱東北行轅，而人事、組織、職權基本照舊。

然而，國民政府必欲收復之東北，新一階段的情勢極其複雜，使得接收工作困難重重，險象環生。[4] 先是，抗日戰爭結束前夕，1945 年 8 月 9 日，蘇聯發動日本的大規模攻勢，很快佔領了整個中國東北地區，以

1　陳誠著，吳淑鳳編輯，《陳誠先生回憶錄：國共戰爭》（臺北：國史館，2005），頁 112-113。

2　1947 年 7 月 7 日，蔣介石發表「抗戰建國十週年紀念告全國軍民同胞書」，即直指「我們對日抗戰的目的，原在於捍衛國土，收復東北，保持主權和領土的完整。東北的主權和領土行政一天沒有恢復，便是抗戰的目的沒有達到」。見秦孝儀主編，《先總統蔣公思想言論總集》（臺北：中國國民黨中央委員會黨史委員會，1984），第 32 卷，頁 171。

3　軍事委員會委員長行營、國民政府主席行轅改組與國防部成立之關連，參見陳佑慎，《國防部：籌建與早期運作（1946-1950）》（臺北：民國歷史文化學社，2019），頁 160-167。

4　對於戰後東北接收引伸的外交、政治、軍事問題，學界甚為關注，較有系統且全面的研究，例見高純淑，〈戰後中國政府接收東北之經緯〉（臺北：中國文化大學歷史學系博士論文，1993）；程嘉文，〈國共內戰中的東北戰場〉（臺北：國立臺灣大學歷史學系碩士論文，1996）。

及朝鮮半島北部、庫頁島南部、南千島群島等地。繼之，中共趁蘇聯軍事佔領東北的既成事實，憑藉蘇軍支持或默許，利用日軍遺留武器與東北人力物力，勢力日益坐大。國民政府則依據《中蘇友好同盟條約》，與蘇俄一再交涉，期望蘇軍早日撤出東北，減少對中共的支持，並促成國軍順利接收東北，但最後並未獲致良好結果。當時，國民政府為了對蘇談判，特派蔣經國為外交部東北特派員，復指定東北行營副參謀長董彥平兼任駐蘇聯軍事代表團團長，派駐蘇軍總司令部，以資聯繫。董彥平及其駐蘇軍事代表團留下的交涉報告、紀錄文件，日前已由民國歷史文化學社編輯出版為《內戰在東北：駐蘇軍事代表團》（共二冊），有興趣的讀者可以參閱，對照本書的相關內容。

中蘇之間幾經周折，延至 1946 年 3 至 5 月間，蘇軍不待國軍接防，全部撤回蘇境。蘇軍在各地遺留的真空，由中共力量迅速填補。國民政府則調派精銳國軍部隊，以錦州、瀋陽為基地，分向南滿、北滿地區進攻。5 月，國軍曾經重挫共軍，收復四平、長春等地，聲勢一度大振。然而，國軍並未徹底擊破中共主力，也未進一步向松花江以北推進。更嚴重的是，國軍之勝利，所得收穫只是佔領城市、鐵路線，而兵員、糧彈補充困難，外乏增援之師，戰力逐漸耗損。反之，共軍依然盤據廣大的農村地區，以農村地區的人力、物力補充戰損，再生力強大。可以說，國軍困守點線，共軍控制面積；國軍居消費之地，共軍據生產之區。國民政府所謂接收東北，除去孤立據點、幾條脆弱的交通線外，恐怕別無他物。

　　到了 1947 年間，東北國軍依托「點」「線」，共軍控制「面」，兩軍形成拉鋸戰，惟國軍消、共軍長的整體情勢已日漸鑄成。於是，國民政府中樞、東北當局主事者，被迫放棄了收復東北完整主權的信心，轉採取以瀋陽、長春、四平、永吉、錦州、葫蘆島等城市作國民政府在東北的主權象徵、戰略據點，然後苦撐待變，再尋求機會使用機動兵力打擊共軍主力。6 月，熊式輝在東北行轅週會上曾表示，「東北形勢，已由接收廣大地區，轉變到集中兵力，消滅匪軍」。[5]

　　1947 年 9 月以後，陳誠接替熊式輝之位，推動一定程度的新政，但在作戰方面其實沒有改變前揭戰略原則。在「國民政府東北行轅民國卅六年度工作報告書」前言遂有謂：「我軍事難於開展，使我政令無法推行」，「但我為收復主權，屏蔽內地，忍苦支撐，竭力挽轉，移輕就重，捨小護大，凡有裨於戡亂軍事之處，莫不悉力以為」。

<h3 style="text-align:center">（二）</h3>

　　以上所述，是為抗日戰爭結束，東北行營、行轅先後成立期間，國民政府在東北地區所面臨的惡劣局勢。下面則要談談，國民政府在東北陣前換將，以陳誠替換熊式輝擔任行轅主任的經緯。

　　無可諱言地，東北行營／行轅作為國民政府在東北地區的政治、軍事總樞，身處複雜情勢，所作所為卻未

5　熊式輝著，洪朝輝編校，《海桑集：熊式輝回憶錄，1907-1949》（香港：明鏡出版社，2008），頁 583。

孚人心所望。首先談軍事方面，如黨政軍機構對於接收
工作的通盤規劃不足，相當數量接收人員貪贓枉法，彼
此爭奪，生活紙醉金迷，「甚至對東北人還有點對殖民
地的味道」，[6] 馴至接收有「劫收」之名。又如黨政軍
機構林立，組織龐雜，人浮於事。抑有進者，許多機構
因為廣大地區先後為蘇軍、共軍所佔，根本無法前往轄
區，遂麕集於瀋陽，徒增財政負擔，卻對行政效率、民
心均有不良影響。

其次談軍事方面，此亦為最影響民心士氣，對國民
政府統治產生最直接致命衝擊的部分。首先，許多東北
地方人士指責，「中央在東北最大的致命傷，莫過於不
能收容偽滿軍隊，迫使他們各奔前程，中共因此坐大。
林彪就是利用東北的物力、民力，配上蘇軍俘來的日軍
和偽軍武器組成第四野戰軍，一直從東北打到廣東和海
南島」。[7] 這種說法有無道理，一言難盡，但確實在接
下來的日子爭論了數十年。另外，國軍在接收東北初
期，「急於求功與輕視共軍，祇謀地區之擴展，忽略集
中殲滅共軍兵力」[8] 等現象，也頗引人們詬病。其後東
北軍事當局見兵力不足、防廣兵單，乃轉採保守戰略，
試圖培養本身戰力，再謀打擊共軍主力。不幸，國軍的
新戰略，從未有兌現的一天。

6 沈雲龍、林泉、林忠勝訪問，《齊世英先生訪問紀錄》（臺北：
中央研究院近代史研究所，1990），頁 269。

7 沈雲龍、林泉、林忠勝訪問，《齊世英先生訪問紀錄》，頁 270。

8 陳誠著，何智霖編輯，《陳誠先生回憶錄：六十自述》（臺北：
國史館，2012），頁 106。

　　熊式輝是東北行營／行轅主任，身為東北地區的政
治軍事總負責人，對於政治、軍事等各方面的困境，當
然是難辭其咎的。不過，當中的許多問題，確實並非熊
氏單個人的決策。以最受外界攻擊的偽滿軍隊收容問題
為例，抗戰結束後原「滿州國」軍隊連同東北其它所謂
游雜武裝，或遭解散命運，或以地方保安部隊名義暫得
棲身。這些地方保安部隊，究竟應擴充抑或繼續裁減，
政府當局內部迭次爭論。熊式輝主張的是擴充，認為地
方保安部隊可輔助國軍正規部隊作戰。主導全國「整
軍」工作的參謀總長陳誠，則輕視地方保安部隊的實
力，堅主裁減，而且意見佔了上風。[9]

　　除此之外，熊式輝雖為東北政治、軍事最高負責
人，所謂「軍事委員會委員長行營主任」一類頭銜更有
高級作戰區指揮官的意味。[10] 實則，熊式輝之下復有東北
保安司令部之設，保安司令杜聿明為真正指揮作戰者，
而熊、杜兩人關係不睦。1946 年 2 月，杜聿明一度因病
離職修養。即使如此，熊式輝仍舊抱怨「余為行營主任，
名則軍事最高長官，而於軍事有責無權」，「杜為真正司
令長官，名雖病假期中，實際卻仍在指揮軍事」。[11] 東
北內部政治、軍事領導之協調不佳，於此確可見一斑。

　　1947 年 5 月 30 日，蔣介石在日記寫道：「瀋陽內

9　熊式輝著，洪朝輝編校，《海桑集：熊式輝回憶錄，1907-1949》，
　　頁 565、606。

10　國防部第三廳編，《作戰區之組織與職掌》（南京：國防部第三廳，
　　1947），頁 11-13。

11　熊式輝著，洪朝輝編校，《海桑集：熊式輝回憶錄，1907-1949》，
　　頁 526。

部複雜，工作腐敗，天翼（熊式輝）威信絕無，光亭（杜聿明）臥病在床，軍機大事推諉延宕」。[12] 這段話，似非過份之論。很快地，蔣介石下定了更換東北人事的決心。

蔣介石為調整對共作戰佈局，洽詢桂系領袖、北平行轅主任李宗仁轉任東北的意願，李不願。蔣續請桂系要人國防部長白崇禧赴東北，白亦不肯接受。[13] 李宗仁後來回憶，曾說「倖免於介入東北」。[14] 至於白崇禧推辭東北委任之後，蔣介石改催促其主持華中軍事。白崇禧初仍拒絕，後終於在 1947 年 11 月同意到九江成立並主持國防部九江指揮所（後改設武漢），指揮華中地區國軍（相當數量為桂系部隊）圍剿大別山地區的共軍。[15] 此為內戰中後期白崇禧執掌華中兵權的直接緣由。

在桂系李宗仁、白崇禧相繼拒絕執掌東北兵符之後，作為蔣介石股肱重臣的參謀總長陳誠，乃遵蔣氏之命赴瀋陽，於 1947 年 9 月 1 日起兼東北行轅主任。其參謀總長職權，由參謀次長林蔚代行。至於東北行轅原主任熊式輝，雖可就此擺脫燙手山芋，但究屬難堪下

12 《蔣介石日記》，未刊本，1947 年 5 月 30 日。
13 陳誠著，吳淑鳳編輯，《陳誠先生回憶錄：國共戰爭》，頁 115。
14 李宗仁口述，唐德剛撰寫，《李宗仁回憶錄》（臺北：遠流出版社，2010），頁 781。
15 陳存恭訪問紀錄，《徐啟明先生訪問紀錄》（臺北：中央研究院近代史研究所，1983），頁 129-130；熊式輝著，洪朝輝編校，《海桑集：熊式輝回憶錄，1907-1949》，頁 648；覃戈鳴，〈白崇禧圍攻大別山戰役概述〉，全國政協文史資料委員會編，《文史資料存稿選編》，第 10 冊：全面內戰（中）（北京：中國文史出版社，2002），頁 565-567。

台，本人尤感「恥於知難而退」。[16] 以後，熊式輝未再擔任政治、軍事要職。

陳誠既已臨危接掌東北行轅主任，隨即陸續推動各項措施，而這些措施基本上可以用「先事整飭內部，戰略暫取守勢」[17] 一句話概括。所謂戰略暫取守勢，為繼續守備永吉、長春、四平、瀋陽、錦州、葫蘆島等處，以有力部隊機動控置於鐵嶺、錦州，準備排除北寧路之障礙，打通瀋長路交通，然後相機進行城堡戰與野戰，謀求各個擊破共軍。[18]

至於所謂整飭內部，實為陳誠相對於熊式輝真正大幅度推動的新政，而大致上又可分為政務、軍務兩類。在政務上，為整併機構（如合併行轅政治與經濟兩委員會為政務委員會，敵偽事業統一接收委員會、生產管理局、房地產管理局為東北區敵偽資產處理局），緊縮尚未接收之各省市政府並令離開瀋陽，嚴懲不法人員，安裕民生，調節物資，穩定物價等。在軍務上，為調整國軍指揮系統，整編國軍部隊，大量裁併地方保安部隊等。

然而，陳誠在東北雷厲推行的新政，雖義正辭嚴，仍引起許多政軍人士的敵意。當中的整編國軍部隊、裁併地方保安部隊等項，常被懷疑獨厚特定軍系，消滅特定軍系，最易激成不滿空氣。1948 年 2 月，已卸任

---

16 熊式輝著，洪朝輝編校，《海桑集：熊式輝回憶錄，1907-1949》，頁 613-617。

17 陳誠著，何智霖編輯，《陳誠先生回憶錄：六十自述》，頁 104。

18 陳誠著，何智霖編輯，《陳誠先生回憶錄：六十自述》，頁 105-107。

賦閒的熊式輝，當面向蔣介石直指「軍心對陳誠俱感不安」，陳誠「等於在暴風雨之下，還如此從容去拆屋架屋」。[19] 應當指出，抱持類似觀點者，並不在少數。尤其陳誠在抵東北視事以前，歷任軍政部長、國防部參謀總長等職，早被視為全國範圍內整軍政策的操盤手，備受反對整軍政策者的指責。[20]

隨著東北國軍的處境日益困難，陳誠面對「在暴風雨之下，還如此從容去拆屋架屋」一類質疑，逐漸難以招架。自 1947 年 9 月起，至 1948 年 1 月間，共軍多次發動對瀋陽、錦州、錦西、營口、撫順、營盤、白旗堡、永吉、公主屯等地的攻勢。期間，國軍雖尚能確保錦州、瀋陽、長春等主要據點，但損兵折將，又乏補充，距離實現「各個擊破共軍」的可能性一天比一天更為遙遠，局勢較之熊式輝主持時期顯然還要惡劣。

（三）

陳誠主持東北政治、軍事期間，焚膏繼晷，且苦於胃疾，頗有大廈將傾，獨木難扶之慨，聲望也大受影響。1948 年 2 月，陳誠終於離開瀋陽，經南京轉赴上海，治療胃疾。[21] 但難以否認，其離任時的難堪程度，較熊式輝有過之而無不及。至於東北作戰之指揮，蔣介石另派衛立煌以東北行轅副主任兼東北剿匪總司令名義

---

19 熊式輝著，洪朝輝編校，《海桑集：熊式輝回憶錄，1907-1949》，頁 660。

20 見《申報》，1948 年 4 月 13、14 日，10 月 8 日，版 1；國防部編，《國民大會代表軍事檢討詢問案之答覆》，頁 3-108。

21 于衡，〈陳誠、熊式輝走馬換將〉，《傳記文學》，第 20 卷第 3 期（1972），頁 64。

主持。

　　1948 年 3 月 29 日，第一屆國民大會於南京召開，各方面對陳誠的攻擊，達到了高潮。這次會議召開期間，陳誠在滬養病，並未參加，缺席了國民大會代表群體對他的嚴厲審判。4 月 12 日，在國防部長白崇禧於大會報告軍事問題後，國民大會代表群起發言，要求政府當局嚴懲陳誠的軍事責任，甚至有言「殺陳誠以謝國人」者。[22] 5 月 12 日，蔣介石批准陳誠辭去參謀總長、東北行轅等本兼各職。

　　蔣介石、陳誠有見國民大會對於東北問題的嚴厲責難，當時歸咎於桂系領袖李宗仁為競選副總統，故意操縱會場空氣，暗示挑撥所致。[23] 因之，蔣介石在陳誠交卸參謀總長、東北行轅主任職位的同時，隨即逼迫桂系要角白崇禧辭去國防部長，僅允白崇禧保留原國防部九江指揮所麾下華中部隊的兵權。白崇禧抗議未果，最終仍於 1948 年 6 月底正式就任華中剿匪總司令，總司令部即是由原九江指揮所改組而成。

　　近於同時，5 月 19 日，行憲政府成立前夕，政府當局亦有鑑於國民政府主席名義將不復存在（國家元首改為總統），明令取消國民政府主席行轅制度，東北、北平行轅著即歸併於東北與華北剿匪總司令部。[24] 於

---

22 參見《申報》，1948 年 4 月 13、14 日版 1 各篇報導；《蔣介石日記》，未刊本，1948 年 4 月 13 日。

23 《蔣介石日記》，未刊本，1948 年 2 月 9 日，4 月 2、3、4、13 日；陳誠著，何智霖編輯，《陳誠先生回憶錄：六十自述》，頁 109。

24 〈國民政府令〉（1948 年 5 月 19 日，補登），《總統府公報》，第 2 號（1948 年 5 月 21 日），頁 1；「蔣介石致傅作義電」（1948 年 5 月 12 日）、

是，東北剿匪總司令衛立煌正式成為接替陳誠的東北政治、軍事總負責人。而東北、華北、華中剿總，再加上徐州剿總，成為國軍在新一階段的主要高級作戰區指揮機構。再幾個月不到，這幾個作戰區指揮機構，就要面對國共戰爭的戰略決戰，錦瀋、平津、徐蚌會戰。至於國軍在前述幾場戰略決戰的災難性終局，本文就不必贅述了。

回頭再談陳誠與東北。陳誠在東北遭逢挫折，步上熊式輝後塵黯然離任。對此議論紛紛者，自然不侷限於他和蔣介石所怪罪的桂系人士。1948 年底，陳誠經過數月的療養、沉潛生活，方才傳出層峰起用出任臺灣省政府主席的消息。屬於黃埔系重要人物，時任西安綏靖公署主任的胡宗南聞訊之後，尚向蔣介石表示，對於陳誠的新動向，「外間多覺煩悶」，理由是「辭公（陳誠）近年來所作為對國家影響太大」。[25]

總而言之，陳誠主持東北行轅的經歷，是他個人戎馬生涯中極黯然的一頁。儘管，陳誠沒有因此洩氣，也沒有失去蔣介石的倚重，稍後仍陸續藉臺灣省主席、東南軍政長官、行政院長、副總統等新職，東山再起，並發揮對國家的正面影響力。

更確切地說，熊式輝、陳誠主持東北政治軍事的過程，不僅僅是他們個人的黯然經歷，實是整個中華民國

<hr>

「蔣介石致衛立煌電」（1948 年 5 月 29 日），《蔣中正總統文物》，國史館藏，典藏號：002-020400-00017-108、002-020400-00016-091。

25 胡宗南著，蔡盛琦、陳世局編輯校訂，《胡宗南先生日記》，下冊，1948 年 12 月 30 日條，頁 89。

政府的悲劇。陳誠交棒東北政軍全權未及一年，1948
年 11 月，共軍徹底贏得東北的全勝。數十萬東北共軍
挾新勝餘威，很快蜂湧開入關內，使關內各戰場的國共
兵力急遽失衡，直接影響了整個國共戰爭的最終結果。
歷史沒有如果，但許多專業史家仍然不禁想問，假使當
年國民政府中樞、東北當局的抉擇有那麼一點不一樣，
會不會改變東北國共戰局，改變整個國共戰爭的結果，
從而牽動冷戰時代的全世界走向？[26] 當然，這個問題永
遠不會有肯定答案。

　我們真正有機會找到肯定答案的問題，是探索陳
誠、熊式輝、衛立煌等個人，連同其廣大僚屬、機構的
作為，究竟在這個風雲變動的歷史巨流中扮演什麼角
色？受到什麼時代影響？帶來什麼時代影響？本書的出
版，提供了回答各種相關問題的有力線索。

　本套書的內容，綜合觀之，聚焦於 1948 年衛立煌
出任東北剿匪總司令、國共醞釀錦瀋會戰以前，1947
年內熊式輝、陳誠主持東北行轅轄下的軍政、軍令、軍
隊政工，以及民政、財政事項。某種意義上，可讓吾人
一窺東北國軍在戰略決戰前夕的各種身影。讀者若能參
照其他相關史料，定能更深入地了解東北問題的複雜面
向，尋索當時東北何以發生翻天覆地的變局。

---

26 Arthur Waldron, "China Without Tears: If Chiang Kai-Shek Hadn't
Gambled in 1946", in Robert Cowley ed., *What If?: The World's Foremost
Historians Imagine What Might Have Been* (Berkley: Robert Cowley, 1990),
pp. 377-392. 中譯收於王鼎鈞譯，《What If?：史上 20 起重要事件
的另一種可能》（臺北：麥田出版，2011）。

編輯凡例

一、本書編輯自陳誠主持東北行轅時所召開之「國民政府東北行轅政務委員會」會議紀錄。

二、本書史料內容，為保留原樣，維持原「偽」、「匪」等用語。

三、為便利閱讀，部分罕用字、簡字、通同字，在不影響文意下，改以現行字標示；部分表格過大，重新改製，並將中文數字改以阿拉伯數字呈現；以上恕不一一標注。

四、原件無法辨識文字，以■表示。

五、部分附件原件即缺漏。

目　錄

東北行轅政務委員會
第一次委員會議紀錄

時　間　三十六年十一月一日上午十時

地　點　瀋陽本會三樓會議廳

出席人　（以簽到先後為序）

　　　　王副主任委員樹翰　鄒常務委員作華

　　　　高常務委員惜冰　　王常務委員家楨

　　　　馮常務委員庸　　　董委員英斌

　　　　彭委員濟羣　　　　王委員化一

　　　　馬委員愚忱　　　　馬委員占山

列席人　各處處長副處長

主　席　王副主任委員樹翰

紀　錄　楊仲揆　斐定遠

甲、報告事項

一、主席報告

　　東北行轅政務委員會本日正式成立，中央政府已發表各委員，行轅主任並已發各處處長，但因昨日發表較晚，故今日有一部尚未到齊，現工作亟待處理，凡已到會之各處處長希自本日起即行接辦所管事務。至於政經兩會如何合併，已另有章則規定，兼主任委員意，原有兩會工作應設法繼續進行不使停滯，現在政治委員會積壓案件極少，不知經濟委員會情形如何，總希不因改組而停止工作，至於如何交接、如何成立，即請各位常務委員來會研究決定。

二、彭委員濟羣報告

（一）政務委員會及各單位人選

東北行轅政務委員會組織規程前經國民政府公佈，主任委員、副主任委員、常務委員及委員亦經中央明令發表，關於所屬各處負責人選由各常務委員推薦，經副主任委員商請兼主任委員陳核可，其名單如次：

單　　位	處長人選	副處長人選	
秘書處	魏　鑑	張祖德	呂秉仁
政務處	徐　鼎	張繼光	
財務處	甯嘉風	傅汝楫	郭寶珠
文化處	崔垂言	吳錫澤	王天民
工商處	杜春晏		
農田水利處	潘簡良	吳安庸	
交通處	許文國		
總務處	吳中林	李承慶	李慕韓
會計處		曾　鑄	

（二）政治委員會及經濟委員會之改組

原有之政治、經濟兩委會在本年十一月份內辦理結束，所有業務逐漸合併完成。政務委員會組織自十一月一日起對外即以政務委員會名義行文，原政經兩委會在結束前仍照舊文處理公務，並分由政務委員會主管單位呈送常務委員核轉主任委員、副主任委員核判。

（三）常委處理政務之劃分

政治委員會事務除由主任委員主持，副主任委員

襄助處理外，各常務委員亦經常到會辦公，本會
各項業務之處理業經兼主任委員、王副主任委員
及各常務委員商定分成五組，各由一常務委員指
導之。分工合作其劃分如下：

一、有關政務、秘書事項由朱常務委員懷冰
指導之；

二、有關財務事項由王常務委員家楨指導之；

三、有關工商事項由高常務委員惜冰指導之；

四、有關交通事項由馮常務委員庸指導之；

五、有關農田水利事項由鄒常務委員作華指
導之。

各委員將來亦可參加各組辦公。

至原政經兩會各處重要人員除已奉呈准辭職或
轉任政務委員會各處者外，均有適當安插辦理
研究審議工作，一般職員均望努力安心服務。

（四）政務委員會之附屬委員會

政務委員會除政經兩研究會外，擬再設一文化
研究會，已電請中央核准。

乙、討論事項

一、茲擬定東北行轅政務委員會分處設科辦法草案請討
論案

決議：

（一）原擬之秘書室及人事室歸併，另設主任委員
辦公室。

（二）其餘各處設科辦法交各處處長、副處長詳細
研討，提請常務委員會議決，再呈兼主任委

員核定施行。

二、政務委員會內政治研究會擬請韓主席駿傑指導，經
　　濟研究會請張委員振鷺指導，文化研究會請吳主席
　　翰濤指導，另蒙旗復員委員會請吳主席煥章指導。
決議：通過

丙、散會

東北行轅政務委員會
第二次常務委員會議紀錄

時　　間　三十六年十一月五日上午九時

地　　點　瀋陽本會三樓主任委員室

出席人　　王副主任委員樹翰　　高常務委員惜冰

　　　　　王常務委員家楨　　　馮常務委員庸

　　　　　鄒常務委員作華

主　　席　王副主任委員樹翰

紀　　錄　楊仲揆

甲、報告事項

（略）

乙、討論事項

一、據遼寧省及瀋陽市政府先後呈請撥款救濟匪區逃難
　　學生案如何辦理請討論案。

決議：未收復地方貧苦學生經確實調查後准予救濟。

二、為修訂「東北各省市宅地及礦泉地徵收土地稅暫行
　　辦法」請討論案。

決議：交財務處詳細核擬，提下次常務委員會議討論。

丙、散會

東北行轅政務委員會
第三次常務委員會議紀錄

時　　間　三十六年十一月七日上午九時

地　　點　瀋陽本會三樓會議廳

出席人　王副主任委員樹翰　　高常務委員惜冰

　　　　王常務委員家楨　　　馮常務委員庸

　　　　鄒常務委員作華

列席人　主任委員辦公室劉主任慕曾

　　　　秘書處魏處長鑑

　　　　政務處徐處長鼐

　　　　財務處甯處長嘉風

　　　　文化處王處長天民

　　　　工商處溫副處長若農

　　　　農田水利處吳副處長安庸

　　　　交通處許處長文國

　　　　總務處吳處長中林

主　　席　王副主任委員樹翰

紀　　錄　楊仲揆

甲、報告事項

（略）

乙、討論事項

一、前擬本會各處編制經兼主任委員核示應在五百人以
　　內重編■■■究應如何辦理請討論案。

決議：就原擬編制主任委員辦公室減五人，秘書處減
　　　十四人，政務處減十二人，財務處減二人，文
　　　化處減八人，工商處減七人，農田水利處減四
　　　人，交通處不減，總務處減四人，會計處減六
　　　人，共減六十二人，餘計六百一十二人在局勢
　　　未開展前暫按九成派用。

　　　（各處處長、副處長均退席，會議改在主任委
　　　員室繼續舉行，劉主任慕曾仍列席）

二、兼主任委員交議「各省市政府緊縮辦法應於十一月
　　內計劃完成立付實施」應如何辦理請討論案。

決議：交政務處簽擬提會。

三、兼主任委員交議「政治工作隊須速編組成立」應如
　　何辦理請討論案。

決議：交政務處簽擬提會。

四、兼主任委員交議「各機關明年度工作計劃務須即
　　速編送並於本年底以前由會核定」應如何辦理請
　　討論案。

決議：交主任委員辦公室擬辦，通令各有關單位遵照。

五、兼主任委員交議「各機關明年度預算應配合工作計
　　劃即速編送於本年底前由會核定」應如何辦理請
　　討論案。

決議：交會計、財務兩處會辦。

六、兼主任委員交議「東北全區明年度總預算（除軍費
　　外）應予編定」應如何辦理請討論案。

決議：交會計、財務兩處會辦

七、兼主任委員交議「人事制度須切實依照法令執行」
　　應如何辦理請討論案。

決議：交主任委員辦公室遵辦並通令各機關遵照。

八、兼主任委員交議「各機關明年度工作計劃預算核定
　　後須按照預算撥給經費按照計劃考核工作」應如何
　　辦理請討論案。

決議：交主任委員辦公室辦理。

九、兼主任委員交議「本會所屬生產局所出物品應交物
　　資調節委員會分配不得成為商品」應如何辦理請討
　　論案。

決議：交工商處辦理。

十、兼主任委員交議「東北區之公教人員（不分中央地
　　方及軍政）其待遇（包括薪津公雜等費及必須品之
　　糧煤等）應按生活水準加以研究調整重行規定」應
　　如何辦理請討論案。

決議：交財務處召集有關各處簽擬提會。

丙、散會

東北行轅政務委員會
第四次常務委員會議紀錄

時　　間　三十六年十一月九日上午九時

地　　點　瀋陽本會三樓會議廳

出席人　王副主任委員樹翰　　高常務委員惜冰

　　　　王常務委員家楨　　　馮常務委員庸

　　　　鄒常務委員作華

列席人　行轅彭秘書長濟羣

　　　　主任委員辦公室劉主任慕曾

　　　　秘書處魏處長鑑

　　　　政務處張副處長維光

　　　　財政處甯處長嘉風

　　　　文化處吳副處長錫澤

　　　　工商處溫副處長若農

　　　　農田水利處吳副處長安庸

　　　　交通處許處長文國

主　　席　王副主任委員樹翰

紀　　錄　楊仲揆

甲、報告事項

彭秘書長濟羣報告：

　　奉兼主任委員諭：「查各行轅關於地方行政僅設政務處一處，東北因接收期內有政務委員會之設，對於組織只可照政務處加以擴大，但不能比行轅組織更大，批定員額五百人已比行轅人數加百分之七十，茲再定原則

如左：

一、總務、收發、繕寫、統計均應集中辦理，並減少科
　　之單位；

二、科長階級以薦任為原則，但專門人材可照技術人員
　　待遇；

三、五百人應包括各種委員會人員在內，並應留百分之
　　四十員額作為各委員會編制。

　　須知我國行政機關最大弊端在於浪費，如欲糾正此
弊，須從簡化人事著手，實行層層負責、人人做事，凡
重要文件應由各主管親擬，如此方能革除衙門與官僚之
舊習，並應特別注意本會是設計、指導、監督、考核之
機構，並非執行之機構，人事與組織在力求健全而不在
龐大。」

乙、討論事項

一、前擬本會各處縮編編制奉兼主任委員諭包括政治經
　　濟文化三研究會及蒙旗復員委員會在內仍以五百人
　　為限應如何辦理請討論案。

決議：三研究會各佔二十五人，內研究員二十人、事
　　　務人員五人。蒙旗復員委員會共佔三十人，內
　　　研究人員二十人、事務人員十人。以上四會共
　　　佔一百零五人。其餘三百九十五人平均各處室
　　　分配三十人，餘額九十五人，配屬秘書、政
　　　務、財務三處。

　　　（各處處長、副處長均退席，會議改在主任委
　　　員室繼續舉行，劉主任慕曾仍列席）

繼續討論。

決議：主任委員辦公室列四十人，秘書處列六十人，
　　　政務處列六十人，財務處列七十人，文化處列
　　　三十人，工商處列三十七人，農田水利處列
　　　三十人，交通處列二十八人，會計處列二十五
　　　人，總務處列三十五人，共計四一五人，合各
　　　委員會總列五二〇人。

丙、散會

東北行轅政務委員會
第五次常務委員會議紀錄

時　　間　三十六年十一月十三日上午九時

地　　點　瀋陽本會三樓主任委員室

出席人　　王副主任委員樹翰　　高常務委員惜冰

　　　　　王常務委員家楨　　　馮常務委員庸

　　　　　鄒常務委員作華

列席人　　劉主任慕曾

主　　席　王副主任委員樹翰

紀　　錄　楊仲揆

甲、報告事項

（略）

乙、討論事項

一、前擬本會各單位縮編編制員額奉諭仍應縮減應如何
　　辦理請討論案。

決議：

　　1. 如業務處（秘書處除外）不設秘書，計減八人。

　　2. 主任委員辦公室原列四十人，減組員、譯電員
　　　各一人，核列三十八人。

　　3. 秘書處原列六十人，減一科科員一人、二科科
　　　員二人，共減三人，核列五十七人。

　　4. 政務處原列六十人，減秘書一人、雇員七人，
　　　核列五十二人。

5. 財務處原列七十人，減秘書二人、專員一人、視察一人、編審三人，共減七人，核列六十三人。

6. 文化處原列三十人，減雇人一人、專員、視察各一人，共減三人，核列二十七人。

7. 工商處原列三十七人，減秘書、專員、視察、編審各一人，共減四人，核列三十三人。

8. 農田水利處原列三十人，減秘書二人，核列二十八人。

9. 交通處原列廿八人，減秘書、視察各一人，核列二十六人。

10. 會計處原列二十五人，減雇員二人，核列二十三人。

11. 總務處原列三十五人，減秘書一人，核列三十四人。

以上共減三十四人，全會（包括三研究會及蒙旗復員委員會）總員額縮為四百八十六人。

丙、散會

東北行轅政務委員會
第六次常務委員會議紀錄

時　　間　三十六年十一月十五日上午九時

地　　點　瀋陽本會三樓主任委員室

出席人　王副主任委員樹翰　　高常務委員惜冰

　　　　　王常務委員家楨　　　馮常務委員庸

　　　　　鄒常務委員作華

列席人　劉主任慕曾

主　　席　王副主任委員樹翰

紀　　錄　楊仲揆

甲、報告事項

（略）

乙、討論事項

一、據前經委會轉呈東北第一區糧食管理局組織規程草
　　案請討論案。

　　據前經濟委員會轉呈東北第一區糧食管理局及附屬
　　機關之組織規程及三十六年度一至四月份預算等到
　　會，經查該局自本年五月份以後業經分別改組為遼
　　寧等省糧食儲運局，其原有組織規程以前未據呈請
　　備案，茲據轉呈各件前來應請先將組織規程核定以
　　憑審核預算，隨附組織規程一份敬請公決（附組織
　　規程一份）。

東北第一區糧食管理局組織規程草案

第一條　東北行轅經濟委員會為辦理遼寧、遼北、安
　　　　東三省及大連市軍糧及一般糧政事項，特設
　　　　東北第一區糧食管理局（以下簡稱本局）。

第二條　本局承經濟委員會之命辦理遼寧、遼北、安
　　　　東三省及大連市轄區內軍糧購運配撥業務及
　　　　一切糧食行政事宜，除遼寧分局由區局兼辦
　　　　外，其他省市各設分局，並視各地產糧及
　　　　交通情形於分局之下分設辦事處、聚點、倉
　　　　庫，辦事處之下分設縣市倉庫，其組織規程
　　　　均另定之。

第三條　本局職掌：

　　　　一、關於糧食之採購配撥事項；

　　　　二、關於糧食之調度集中儲運事項；

　　　　三、關於糧食之保管加工包裝事項；

　　　　四、關於糧食之調查管制事項；

　　　　五、關於包裝材料之籌辦管理事項；

　　　　六、關於糧食倉庫之修建配備管理事項；

第四條　本局設左列各科室分辦一切事務：

　　　　秘書室　主辦機要文牘綜核文稿及交辦或不
　　　　　　　　隸屬其他各科事項。

　　　　督導室　主辦督導視察及調查事項。

　　　　第一科　主辦文書庶務及經常費出納事項。

　　　　第二科　主辦糧食籌購配撥事項。

　　　　第三科　主辦糧食運輸調度事項。

第四科　主辦糧食倉儲加工包裝及倉庫之修
　　　　倉管理事項。

第五科　主辦糧食調查管制及調節事項。

第六科　主辦財務之調度出納審核事項。

第五條　本局置局長一人綜理局務，副局長二人助理
　　　　局長辦理局務。

第六條　本局置主任秘書一人、秘書四人，承長官之
　　　　命辦理秘書室一切事宜。

第七條　本局置督導主任一人、督導九人、督導員
　　　　十一人，承長官之命辦理督導室一切事宜。

第八條　本局置科長六人、股長十八人、科員二十八
　　　　人、辦事員三十一人，承長官之命辦理各科
　　　　一切事宜。

第九條　本局置人事主任一人、人事主任科員三人、
　　　　人事科員三人、人事助理員二人，辦理一
　　　　切人事事宜，人事主任除受本局局長指揮
　　　　外，並受東北行轅經濟委員會人事主任之
　　　　指揮監督。

第十條　本局置會計主任一人、會計員三人、會計助
　　　　理九人，辦理一切會計事宜，會計主任除受
　　　　本局局長指揮外，並受東北行轅經濟委員會
　　　　會計長之指揮監督。

第十一條　本局置稽核五人，承長官之命辦理購糧款
　　　　　項賬目之稽核事項。

第十二條　本局置技正一人、技士一人，承長官之命
　　　　　辦理糧食驗收品質檢定加工技術及倉房修

繕建築之設計事項。

第十三條　本局為繕寫文件及其他事項，得雇用僱員二十三人。

第十四條　本局因係臨時業務機關，人員一律派用，其派用權限如後：

一、局長、副局長由經委會遴員派充；

二、薦任人員由本局遴員報請經委會核派；

三、委任以下人員由本局自行遴派報經委會核備；

四、會計人員由經委會會計處依照會計人員任用辦法辦理之。

第十五條　本局各級人員薪級表另訂之。

第十六條　本局辦事細則另訂之。

第十七條　本規程自呈請經委會核准之日施行。

決議：追認。

二、本會各單位編制員額經上次會議縮減為四百八十六人茲復奉批核減應如何辦理請討論案。

決議：交各處自行核減簽請派委。

丙、散會

東北行轅政務委員會
第七次常務委員會議紀錄

時　間　三十六年十一月十七日上午九時
地　點　瀋陽本會三樓主任委員室
出席人　王副主任委員樹翰　　高常務委員惜冰
　　　　王常務委員家楨　　　馮常務委員庸
　　　　鄒常務委員作華
列席人　劉主任慕曾
主　席　王副主任委員樹翰
紀　錄　楊仲揆

甲、報告事項

（略）

乙、討論事項

一、兼主任委員交議「東北區內之私立學校通訊社報紙
　　須切實依章整頓其未經辦理登記或立案手續及不合
　　於規定之要求者應即取締之」應如何辦理請討論案

決議：交文化處詳擬取締辦法提會。

二、兼主任委員交議「東北各省市內所有各行政及事
　　業機構依照附表來調整不在表列者須於年底一律撤
　　銷」應如何辦理請討論案。

決議：新機構應於十一月底以前編組完成，以便舊機
　　　　構結束，其餘應撤銷者均限年底前撤銷。

三、兼主任委員交議「統一接收委員會監察處及前經濟
　　委員會經濟檢查室撤銷後其所管業務應商討一處理
　　辦法」應如何辦理請討論案。

決議：人員編入政治工作大隊，業務交主管機關接辦。

四、茲擬定東北行轅政務委員會會議規則草案請討論案
　　（附草案一份）。

國民政府東北行轅政務委員會會議規則草案

第一條　本規則依據國民政府主席東北行轅政務委員
　　　　會組織規程第十一條之規定訂定之。

第二條　本會會議分為全體委員會及常務委員會議。

第三條　全體委員會議每月舉行一次常務委員會議每
　　　　週舉行一次，由主任委員召集之，但因特別
　　　　事故得召開臨時會議。

第四條　本會主任委員為會議時之主席，主任委員因
　　　　事不能出席時由副主任委員擔任之。

第五條　左列人員得列席本會會議：

　　　　一、東北行轅參謀長、秘書長；

　　　　二、本會各處室會長官；

　　　　三、其他奉主任委員命列席之人員。

第六條　常務委員會議議事範圍如左：

　　　　一、業務會議不能商決事項；

　　　　二、無法令規章之依據事項；

　　　　三、各處會呈擬案件其性質重要經主管常委
　　　　　　認有提會研議必要事項；

　　　　四、主任委員、副主任委員交議事項。

　　　　　　　所有經常務委員會議決議事項於全體委員會

　　　　　　　議開會時提出報告

第七條　　全體委員會議議事範圍如左：

　　　　　一、常務委員會議未能決定事項；

　　　　　二、關於全東北重要施政之改革及省市編制

　　　　　　　因時因地之擬訂事項；

　　　　　三、主任委員、副主任委員交議事項；

　　　　　四、各委員提案。

第八條　　各委員提案應將案名、理由、辦法、附件及

　　　　　提案人分別載明，於開會前二日送交主任委

　　　　　員辦公室彙編議事日程。

第九條　　主任委員辦公室收到各項提案後應即彙編議

　　　　　事日程，於開會前一日付印分送各委員及有

　　　　　關列席人員。

第十條　　本會會議非有委員過半數之出席不得開議，

　　　　　非有出席委員過半數之同意不得表決。

第十一條　列席人員就主管或有關議案有發言權但

　　　　　無表決權。

第十二條　全體委員會議得分組審查議案，就所有委員

　　　　　分為若干組，由主任委員指定並分別指定組

　　　　　召集人，遇有經表決應付審查案件時，得

　　　　　依類交付審查，並由主任委員臨時指定主

　　　　　管或專門人員參加之。

第十三條　提案經決議後即由主任委員辦公室製成紀

　　　　　錄，即分送各委員及主管單位。

第十四條　各項決議案在開始執行前認為有修整或變

更之必要時，得由主任委員或委員三人以
上之動議提付覆議。

第十五條　本規則呈奉行政院核定施行，如有未盡事
宜得隨時修改之。

決議：交常務委員審查，提下次會議討論。

五、前經委會所經管東北區內各事業機關經費應如何撥
發處理請討論案。

決議：原簽第一項俟所有機構調整完竣後照辦，第二項
如有節餘經費應即移交本會。

丙、散會

東北行轅政務委員會
第八次常務委員會議議事日程

時　　間　三十六年十一月二十二日上午九時
地　　點　瀋陽本會三樓主任委員室
出 席 人　缺
列 席 人　缺
主　　席　缺
紀　　錄　缺

甲、報告事項

（略）

乙、討論事項

一、東北行轅政務委員會會議規程草案經各常務委員審
　　查修正（附修正草案）請討論案。

國民政府主席東北行轅政務委員會會議規則修訂草案

第一條　　本規則依據國民政府主席東北行轅政務委員
　　　　　會組織規程第十一條之規定訂定之。

第二條　　本會會議分為全體委員會議及常務委員會議。

第三條　　全體委員會議每月舉行二次，常務委員會議
　　　　　每週舉行二次。
　　　　　由主任委員召集之，但因特別事故得召開
　　　　　臨時會議。

第四條　　本會主任委員為會議時之主席，主任委員因
　　　　　事不能出席特由副主任委員擔任之。

第五條　左列人員得列席各種會議：

一、東北行轅參謀長秘書長；

二、本會各處室會長官；

三、其他奉主任委員命列席之人員。

第六條　常務委員會議議事範圍如左：

一、會內業務推進會報不能商決事項；

二、法令規章無依據為爭時效不及提全體委
員會議研議事項；

三、各處會呈擬案件其性質重要經主任委員
認有提會研議必要事項；

四、主任委員、副主任委員交議事項。

所有經常務委員會議決議事項於全體委員會
議開會時提出報告。

第七條　全體委員會議議事範圍如左：

一、常務委員會議未能決定之事項；

二、關於全東北重要施政之改革及制度變更
之擬議事項；

三、主任委員、副主任委員交議事項；

四、各委員提案。

第八條　各委員提案應將案名、理由、辦法、附件及
提案人分別載明於開會前二日送主任委員辦
公室彙編議事日程。

第九條　主任委員辦公室收到各項提案後應即彙編議
事日程，於開會前一日付印分送各委員及有
關列席人員。

第十條　本會會議非有委員過半數之出席不得開議，

非有出席委員過半數之同意不得表決。

第十一條　列席人員就主管或有關議案有發言權但無
　　　　　表決權。

第十二條　全體委員會議得分組審查議案，就所有委
　　　　　員分為若干組，由主任委員指定並分別指
　　　　　定組召集人，遇有經表決應付審查案件
　　　　　時，得依類交付審查並由主任委員臨時指
　　　　　定主管或專門人員參加之。

第十三條　提案經決議後即由主任委員辦公室製成紀
　　　　　錄即分送各委員及主管單位。

第十四條　各項決議案在開始執行前認為有修整或變
　　　　　更之必要時，得由主任委員或委員三人以
　　　　　上之動議提付覆議。

第十五條　本規則呈奉行政院核定施行，如有未盡事
　　　　　宜得隨時修改之。

二、茲擬定東北行轅統一購糧核議委員會組織規程草案
　　請討論案（附草案一份）。
　　前奉兼主任手諭「購糧機構應統一辦理，最好由物
　　調會、補給區與地方政府組織一委員會統購後再妥
　　為分配，以免混亂糧價與破壞糧政，先由康平、法
　　庫、彰武等處辦理」，當於十一月十日在本會召開
　　統一購糧組織座談會，召集有關單位列席研討擬定
　　原則，嗣並依據上述原則擬定「東北行轅統一購糧
　　核議委員會組織規程草案」呈奉兼主任批示「照辦
　　並提會」等因，茲檢附前項草案一份敬請公決。

三、為遼南七縣水災救濟農貸一億元擬緩至明年春耕前
　　貸放是否可行請討論案。
　　　查前政治委員會決議為救濟遼寧省海城等七縣水災
　　撥發農貸一億元一案，前經行轅分餝中央銀行撥
　　存中國農民銀行備款，並令前經濟委員會會餝貸放
　　在案，惟此項貸款一億元，中央銀行因與農民銀行
　　手續問題，迭經催洽，迄未照撥，是以延遲至今未
　　能放出，茲據中國農民銀行函以時期過晚且原定貸
　　款七縣內已有被匪佔據尚未收復者（如海城），議
　　請緩貸，前來經核不無理由，似可照辦，經簽奉主
　　任委員批示提常會討論等因，遵擬呈請行轅將本案
　　貸款一億元保留，俟明年春耕前再行發放，是否可
　　行，敬請公決。

四、茲擬具商務許可監督辦法請討論案。
　　　查前經濟委員會結束後，原有該會工礦、商務兩處
　　業務均已移由本會工商處接辦，惟在經委會時代於
　　經濟緊急施措方案中，所有因調節商貨出入核發許
　　可證業務向係該會商務處自行辦理，現本會改組成
　　立，所負係設計、考核、指導、監督之責，原由商
　　務處兼辦之核發許可業務，本會似不宜再行兼辦，
　　茲擬移交有關業務機關辦理，並擬定監督辦法如
　　左，是否可行，敬請公決。
　　一、為發揮本會計劃、考核、指導、監督積極效
　　　　用，並使各重要業務機關對於生產運配各方
　　　　面更臻合理，於必要時擬由本會酌派稽核或

稽核員經常駐在各重要業務機關，專負稽核督
導之責。

二、一般商人許可申請書處理辦法採用審核小組
制，即規定執行此項業務機關每日上午收受許
可申請書，於當日下午三時提送審核小組，經
審查核准之申請書，交由執行機關於翌日下午
二時公佈照發，至未經核准之申請書亦應同時
公佈並發還原申請人，審核小組由本處稽核及
執行機關主管該項業務部門人員二人組成之。

三、公營機關申請書處理辦法採三聯單制，申請機
關應逕向本會申請，經准後憑本會發給之許可
填發通知單（即三聯單），以一聯本會存查，
一聯通知填發許可機關憑以填發許可，一聯批
交申請人作為洽領許可之根據，執行機關填
發許可後應將申請機關所持之一聯通知單收
回，並於每月附同報表繳會存查。

四、凡申請向國外輸出入物品，其簽證業務統由行
政院輸出入管理委員會東北辦事處依照行政院
公佈之進出口貿易辦法及有關法令辦理，必要
時由本會加以輔導推廣。

五、核發許可業務在未移轉前之過渡辦法，凡由前
經委會商務處及本會收受請求延期之許可申請
書核與規定相符者，擬臨時發給書面證明，並
通知有關檢查機關放行，以利商、軍、國營機
關之輸出，申請書暫仿上項變通辦法辦理。

六、核發許可業務移轉有關業務機關後，如感人
　　員不敷請調，派前經委會經此次改組被編入
　　政治工作大隊之人員以資熟手。

五、前經委會所管東北區內各事業機關經費應如何撥發
　　處理請再討論案。
　　據財務處簽呈略稱「在本處前簽關於經委會所主管
　　東北區各交通工礦事業貼補費及其直屬事業機關經
　　費撥交處理辦法兩項，其第一項為撥款手續問題，
　　以前係撥由經委會具領轉發，茲為節省手續，擬即
　　令央行逕撥各該機關具領，不由本會轉發，與機關
　　之調整似無聯帶關係。第二係指前經委會對所經營
　　轉發各機關經費及事業費尚有現金積存，是項現金
　　如須補發，應由該會發清，如時過境遷毋須再發，
　　或有節餘移交本會，並不能移作其他用途，仍須
　　轉繳國庫，為節省手續似亦應由該會逕繳回庫。
　　以上二項擬仍請准照前簽辦理。」是否可行，敬
　　請公決。

六、茲擬具瀋陽大連哈爾濱三市政府編制請討論案。
　　查緊縮東北各省市政府員額編制一案，經本處連日
　　分別召集各省市政府秘書長及主管人事編制人員
　　詳加研究，除九省政府編制另案提請核議外，茲擬
　　定瀋陽、大連、哈爾濱三市政府暫行員額編制如附
　　表，並分別說明如左：

一、瀋陽市政府

原經行政院核定為十二單位，共計員額七○一人，嗣經該市政府呈請核定增加員額至八四一人，又自動增加社會處及新聞處兩單位，除社會、新聞兩處本會無案已嚴令撤銷外，茲據將其衛生局裁撤業務併入民政局辦理，公用局裁撤業務併入工務局辦理，人事室、統計室改隸該市府秘書處，其他各局處科室亦視其業務性質分別予以裁併，冗員分別裁汰，現擬保留該市府秘書處、民政局、財政局、教育局、地政局、工務局、警察局、會計處等八單位，員額五百五十人，計裁併六單位、八科室，裁減員額二百九十一人（詳附表（二））。

又該市之附屬機構如：

（一）稅捐稽徵處係介於財政局與稅捐稽徵所之中間機構，實無設立必要，應令裁撤，可減去冗員約四百人，使各稽徵所直隸財政局，尤可增加指揮監督之效。

（二）地政局所屬之測量隊、土地登記處應令減少員額，擬編制呈核。

（三）各區公所、各館校其不必要之員役亦應裁減報核。

（四）警察員額另定飭遵。

（五）該市新運會、職業介紹所、社會服務處、軍民合作總站及分站等單位，似均可停發，經轉由該市府研究呈核。

基上所述瀋陽市政府及附屬機構裁併後，約可
裁減人員一千四百人左右，此項編餘人員之處
置擬：

（一）擇其優秀者編成政治工作隊。

（二）酌發薪津遣散。

二、大連市政府

原經前政治委員會核定其保留員額計九十
人，現擬保留六十人，裁減三十人，俾使準
備接收工作（編制如附表）。

又該市府前因準備接收關係，曾在警官學校
訓練警保幹部二百餘人，本月二十日畢業，
已另案簽請連同編餘人員併編政治工作隊。

三、哈爾濱市政府

原經前政治委員會核定其保留員額七十三人，
茲擬保留四十八人，裁減二十五人（編制如
附表）。

以上所擬是否可行，敬請公決。

附表二　瀋陽市政府暫行員額編制表

		市政府（秘書處）	民政局	財政局	教育局	地政局	工務局	警察局	會計處	合計
市長	簡任	1								1
秘書長	簡任	1								1
參事	簡任	4								4
局長	簡任		1	1	1	1	1	1		6
會計長	簡任								1	1
副局長	簡任							1		1
主任秘書	薦任	1	1	1	1	1	1	1		7
秘書	薦任	4	2	2	2	1	1	2		14
編譯主任	薦任	1								1
人事室主任	薦任	1								1
統計室主任	薦任	1								1
會計室主任	薦任			1				1		2
外事室主任	薦任	1								1
專員	薦任	4	2	3					2	11
科長	薦任	2	4	2	2	2	3	4	2	21
視察	薦任	2	1	1						4
編審	薦任	2								2
督察長	薦任							1		1
技正	薦任		2			3	8			13
督學	薦任				2					2
譒譯	薦任	2								2
科員	薦任	4								4
視察	委任		2							2
技士	委任		4			4	10			18
技佐	委任		2			8	10			20
科員	委任	28	45	28	22	18	24	36	10	211
會計員	委任		1		1	1	1			4
統計員	委任	4	1	1	1	1	1	1		10
督察員	委任							7		7
人事管理員	委任	10	1	1	1	1	1	1		16
合作指導員	委任		3							3

		市政府（秘書處）	民政局	財政局	教育局	地政局	工務局	警察局	會計處	合計
繪測員	委任						2			2
佐理員	委任		2	5	3		2	6	4	22
電務員	委任	2								2
辦事員	委任	10	6	8	8	5	5	18	10	70
雇員		5	5	8	8	6	5	20	5	62
總訂		90	85	62	52	52	75	100	34	550

附記

1. 財政局稅捐稽徵處裁撤，各區設稅捐稽徵所直隸財政局，其員須由該市府專案報請核定。

2. 內部工作劃分由該市府自定。

大連市政府縮編前後員額比較表

名稱	官階	原定員額	縮編後員額	比較 增	比較 減
市長	簡任	1	1		
會計長	簡任	1	1		
接收委員	簡任	13	13		
接收專員	薦任	51	29		22
接收員	委任	21	16		5
雇員	雇用	3			3
共計		90	60		30

附記

1. 該市府縮編前實有員額為七十人，縮編後編餘十人。

2. 內部工作劃分由該市府自定。

哈爾濱市政府縮編前後員額比較表

名稱	官階	原定員額	縮編後員額	比較 增	比較 減
市長	簡任	1	1		
會計長	簡任	1	1		
接收委員	簡任	21	12		9
接收專員	薦任	41	22		19
接收員	委任	9	12	3	
共計		73	48	3	28

附記

1. 該市府縮編後共減員額二十五人。

2. 內部工作劃分由該市府自定。

七、擬具本會接管東北農村合作事務局辦法請討論案。

　　查東北農村合作事務局奉令延至本月底結束，所有
接管事宜自應及早準備，茲經召集有關單位舉行座
談會並決議：

甲、接管日期定於本月二十八日至本月三十日。

乙、造具該局總局職員名冊二份，由主管處簽送
　　主任委員辦公室轉呈核示，其名冊應有左列
　　各項：

　　姓名、性別、年齡、籍貫、原任職務、學歷、
　　資歷、到職年月、通訊處。

丙、該局財產由總務處負責接管，檔案由秘書處負
　　責接管，會計表報及一切帳冊由會計處負責接
　　管，未了業務由農田水利處負責接管，職員安
　　置由農田水利處檢具名冊簽送主任委員辦公室
　　轉呈核示後辦理。

丁、該局辦理結束人員仍依經委會原定人數（以
　　十五人為限），期限延長至不超過兩個月
　　為度。

戊、以農田水利處處長為首席代表，率同各有關處
　　室參加接收人員屆時前往接收。以上五項是否
　　可行，敬請公決。

八、茲擬具解決冬季煤荒方案請討論案。

　　查自本年五、六月間共匪發動五次攻勢以還，東北
七大煤礦：西安、北票、營城、本溪、阜新等處
或被佔據或被破壞，迄今雖有一部收復，而殘破

之餘，生產銳減，目前每月產量僅達十九萬五千噸，僅及本年四月百分之十，其他小礦亦泰半淪陷，總計十一月份產量估計僅二十萬噸，如阜新及時復工，十二月可達二十九萬噸，如能盡力扶植小礦區，明年一月總產量可達三十二萬餘噸，至為所需煤數量每月至少為五十五萬餘噸，如將礦山及用戶存煤計算在內，至明年一月底止尚缺煤五十七萬噸，如此明年三月不足之數更為驚人，故今冬煤荒竟已達至嚴重階段，亟應設法補救，茲擬具補救辦法，敬請公決。

丙、散會

東北行轅政務委員會
第九次常務委員會議紀錄

時　　間　三十六年十一月二十六日上午九時
地　　點　瀋陽本會三樓會議廳
出席人　王副主任委員樹翰　高常務委員惜冰
　　　　王常務委員家楨　　馮常務委員庸
　　　　鄒常務委員作華　　朱常務委員懷冰
列席人　行轅彭秘書長濟羣　劉主任慕曾
主　　席　王副主任委員樹翰
紀　　錄　楊仲揆

甲、報告事項

（略）

乙、討論事項

一、茲擬具「重建東北農村合作事業配合經濟作戰計
　　劃」一■是否可行請討論案。

重建東北農村合作事業配合經濟作戰計劃書

一、過去的檢討

　　查偽滿時代合作組織甚為普遍，業務亦頗發達。勝
　　利以後雖被蘇軍及匪軍暴人一再破壞，然所遺資
　　產為數仍至可觀。其組織計有三大系統：一為商工
　　金融合作社，一為學生會，一為興農合作社。商工
　　社約當於都市信用合作社，組織已由中央合作金庫
　　接收；學生會約當於公教人員工消費合作社，已由

社會部合作供銷處接收，興農合作社為普及各縣之農村合作組織，亦即偽滿合作組織之主幹，偽滿政府為達成其搜括民財及倍養財源之目的，無論在業務、資金與法令上，均賦予種種特權，使之成為實行農村經濟政策而創設之國策機構，舉凡興農用品之購辦與供給，以及各種農業貸款、農民強制儲蓄小款存數之辦理等等，均無一不透過興農合作社，以致各社組織及業務均構成一龐大之體系，接收以後先經社會部設置偽滿興農合作社清理處，清理其債權、債務，後由本行轄經濟委員會特設東北農村合作事務局承辦其業務，詎該局及其分支機構、各省分局、各縣農村合作社■■分別設立，即困於匪禍，大部縣市相繼陷落，較安全各縣市亦因交通及軍事影響，均隨而滋生嚴重問題，加以營運資金久未撥下，遂致業務無法展開。月前經本行轄以■社字第一八七三九號訓令悉予裁撤，並頒發撤裁辦法四點，令該局及各省縣遵辦，今後各該省縣所遺資產應如何保存利用，新的機構應如何建立，資金應如何籌集，業務應如何進行，總之應如何加以整頓，始能配合軍事展開經濟作戰，完成戡亂建國大業，實有待於重行規劃以為推進爾。

二、重建的目標及原則

我國當前一切措施，無疑的均以「戡亂建國」為總目標，東北合作事業自應於「戡亂建國」之大前提下，配合實際需要，負擔其本位責任，所謂本位責任，即兼主任於本會委員宣誓與致訓詞中所揭示

之「實施民生主義經濟，努力增加生產力，力求合理分配，以改善國民生計，保障公教人員及軍人生活」，「所謂民生主義經濟就是根據總理民生主義的原則，對於各種物資從生產到分配都加以合理的管理，而其辦法又分為四大類，即增加生產、管理物資、物資調節、合理分配」。東北農村合作組織應為農村經濟作戰之中心機構，自應以農業改進及推廣農用機械之供給，以及各種農貸之辦理為業務，以「增加農業生產」，以農產品之運銷及收購與農民生產及生活用品之供給業務，以求「調節物資」、「管理物資」，以消費業務以求「合理分配」。以上四大任務為我行轅經濟政策綱領，亦即東北農村合作事業重建之準繩。重建之原則概略言之約有三端：

（1）各省市原有合作資產全部用以發展合作事業，毋使散失，並絕對不得挪作其他用途；

（2）廢止東北特殊合作制度，各省縣農村合作事業之重整，悉依中央法令辦理。

（3）加強合作組織社務及業務之戰鬥性，配合軍事進展，俾得遂行經濟作戰之目的。

三、組織及業務

（一）組織

（1）強化社會部全國合作社物品供銷處東北分處，充實其業務，以為東北各省市縣合作組織之總機構。

（2）各省省政府在目前經費編制限制下不能

成立合作事業管理處者，依照三十一年三月四日社會部公佈之「合作社物品供銷處實行辦法」，設置各該省合作社物品供銷處，接管東北農村合作業務局各該省分局之資產及業務。

（3）各縣縣政府根據二十九年八月九日行政院公布之「縣各級合作社組織大綱」組織各該縣縣聯合社，接管各該縣農村合作社之資產及業務，上項資產應視作政府到各該縣合作組織之投資產，但仍為公有。

（4）各縣鄉鎮保合作組織亦應繼續推進，以為縣合作社聯合社之單位合作社。

（5）各縣市得依據三十二年九月十八日國民政府公布之合作金庫條例籌設縣市合作金庫，以調劑合作事業資金，各省市得依同法請求中央合作金庫設立分支庫，縣市合作金庫未成立前由各縣縣銀行負各該縣合作資金調劑之責任。

（6）鄉鎮保合作社、縣合作聯合作社、省合作社物品供銷處及社會部全國合作供銷處東北分處，為一完整之合作業務體系，應加強其輔導聯繫作用，並應與各該級合作金融機構密切配合，俾以擔負經濟作戰之重任。

（二）業務

各級合作組織除舉辦合作社法所規定之各
項業務外，茲根據當前東北各省縣實際需
要及政府經濟政策，擬定其中心業務數端
如後：

（1）購銷業務

購買業務包括種子、肥料、農具及其他生
產用品之供給，運銷業務則注意農產品之
加工運銷，尤應注意於特種農產品如大豆
等之統運統銷，此項業務展開後可達「管
制物資」及「調節物資」之目的。

（2）農業推廣

此項工作為合作社對農民之服務事項，
對增進生產及發展業務上裨益匹大，尤
以優良品種及科學技術非以組織力量予
以推廣則難期實效，偽滿興農合作社以
此為首要業務，收效頗著，東北農村合
作事務局亦以此為中心業務，惟限於資
金及環境成就未能大著，今後各級合作
組織仍應配合農業改進機關，視為主要
業務積極辦理，以達政府「增進生產」
之政策。

（3）消費業務

當此物價步漲、交通困難之情形下，平
抑物價、安定民生、調節供求及促進分
配之合理化，實為動員戡亂之基礎工

作。各級合作組織自應積極展開消費業
務，平價供應民眾生活必需物品，並擔
任政府物資配給之基層機構。

（4）信用業務

光復以來政府到東北已收復各省縣歷次
緊急農貸、普通農貸及特種農貸均係透
過各級合作組織貸發，今後各級合作社
組織自應繼續承辦農業生產、農田水
利、農業推廣、農村副業等貸款，並應
配合政府財政金融政策吸收農村中心儲
蓄及存款。

（5）利用業務

辦理農民共同利用之設備，如機械農具
及生產品之加工設備等（水磨、電磨、
小型榨油機、棉花打包機等）。

四、與有關機構之配合及聯繫

（一）與合作機構之配合

（1）加強各省合作科及各縣合作股之組織及
人事，切實負起各該省縣合作組織之計
劃、指導、監督、考核之責任。

（2）各級合作組織由保、鄉、鎮、縣、省以
至東北區各級在業務上能構成一完整之
體系密切配合靈活運用。

（3）普及都市消費合作組織，以為平抑物
價、調節物資及分配政府物資之配給機
構，以配合農村合作事業，改善都市市

民及公教人員生活。

（4）指導還鄉義軍及匪區逃亡離胞利用未墾
荒地、敵偽開拓田與接收之殘破工廠組
織合作農場及合作工廠，俾以配合農村
合作事業實現社會化之經濟編制，擊破
共匪爭取農工煽動階級鬥爭之企圖，並
運寓救濟於生產之目的。

（5）各級合作金庫應就金融立場全力支持各
級合作組織，辦理各項業務，並應將辦
理情形隨時呈報備核。

（6）各合作社團應發動社會力量協助事業
之推進。

（二）與物資及金融機關之聯繫

（1）東北物資調節委員會為東北物資管制調
節之統籌機構，為謀加強工作效率、節
省經費開支，亟應與社會部合作供銷處
切取聯繫，並以各級合作組織為其下層
業務機構，委託其代購、代運、代配。

（2）東北生產局中紡公司東北分公司、中央
信託局及其他國營、省營廠礦應與各級
合作組織切取聯繫，俾使物資管制調節
及分配工作得以圓滿進行。

（3）各級合作組織承辦政府委託之特種業務
時，除由中央合作金庫、中國農民銀行
出息實借營運資金外，其他國家行庫局
亦應予以資金上之融通。

決議：交常務委員審查提下次會議討論

二、擬具東北行轅政治訓練委員會組織規程草案請討
　　論案。

東北行轅政治訓練委員會組織規程

　　　　　　　　　第九次常務委員會議修正通過

　　　　　　　　　三十六年十一月二十六日

第一條　東北行轅政務委員會為辦理有關政治訓練事
　　　　宜，特設東北行轅政治訓練委員會（以下簡
　　　　稱本會）。

第二條　本會設委員共十七人至十九人，除各省市政
　　　　府主管長官為當然委員外，餘由東北行轅主
　　　　任就政務委員會委員中遴派之，並指定一人
　　　　為主任委員。

第三條　本會職權在計劃督導並考核有關政治訓練工
　　　　作，其實際訓練業務委託中央訓練團東北分
　　　　團辦理之。

第四條　本會不設專任職員，所有會務由政務委員會酌
　　　　調職員兼辦。

第五條　本會對外行文以政務委員會名義行之。

第六條　本會每週開會一次，由主任委員召集，必要時
　　　　並得召開臨時會議。

第七條　本規程自呈奉核定後施行。

決議：修正通過，附修正部分如左：

　　　（一）第一條「辦理政治工作隊訓練事宜」改為
　　　　　　「辦理有關政治訓練事宜」。

（二）第二條「並考核政治工作隊之訓練工作」
改為「並考核有關政治訓練工作」。

丙、散會

東北行轅政務委員會
第十次常務委員會議紀錄

時　間　三十六年十一月二十九日上午九時

地　點　瀋陽本會三樓會議廳

出席人　王副主任樹翰　　高常務委員惜冰

　　　　王常務委員家楨　　馮常務委員庸

　　　　鄒常務委員作華　　朱常務委員懷冰

列席人　行轅彭秘書長濟羣

　　　　劉主任慕曾

　　　　物資調節委員會張常務委員松筠

　　　　政務處徐處長鼎

　　　　財務處郭副處長寶珠

　　　　文化處崔處長垂言

　　　　工商處杜處長春宴

主　席　王副主任委員樹翰

紀　錄　楊仲揆

甲、報告事項

（略）

乙、討論事項

一、王常務委員提如何加強本會對於中央各部會署在東
　　北各事業機構之指導監督及考核請討論案。

　　　理由：東北光復以來，兩載於茲，各項建設事業
　　　　　　迭遭破壞，百廢待舉，如無分緩急，同時

舉辦，深恐力有未逮，自當斟酌環境之實況，審度財力、人力、物力之所及，權量輕重，統籌配合，以達計劃建設之目的。查本會之成立，旨在因應環境，代表政院，遵照中央之決策負責監督及考核東北各項事業之執行，故對於中央各部會署在東北各機構以及省市地方政府所興辦之事業，本會不僅應統盤明瞭，更須予以審核研究，權以輕重緩急，使其相互配合，以期所耗之財力、人力、物力皆能發揮其最大效力，而免各自為政，減低效率之弊。

辦法：（一）凡中央各部會署在東北各事業機構之設置或需要裁減及擴充者，應由本會先為審核，然後轉送行政院核定。

（二）各部會署在東北各事業機構之事業計劃，應由本會審核後轉呈行政院核定。

（三）各事業機構之經臨預算應由本會統核轉請核定，並得視其事業之進展情形與輕重緩急，在核定之計劃與預算範圍內酌予墊撥。

（四）各事業機構之工作應由本會負責監督，其工作成果由本會分期考核，呈報行政院核備。

（五）各事業機構之普通事務及人事可由各機構直接呈報其主管部會署核示。

提案人　王家楨

決議：修正通過：附修正部份如左：

　　（一）原辦法第一項「應由本會先為審核然後轉
　　　　　送行政院核定」改為「應由本會審核先後
　　　　　緩急後轉行政院核定」。

　　（二）原辦法第二項「應由本會審核後轉呈」改
　　　　　為「應由本會核轉」。

二、兼主任委員交議據文化處簽擬東北私立學校管理辦
　　法請討論案。

　　查整頓通訊社及報紙案，前經第七次常委會議決議
　　交文化處簽擬取締辦法提會，茲據該處擬具東北區
　　管理辦法及東北區報紙通訊社管理辦法草案前來，
　　是否可行，敬請公決（附原辦法一份）。

東北私立學校管理辦法草案

一、東北已收復各省市現有之私立學校，未經依法完成
　　立案手續者，統限於卅六年十二月底以前辦理完竣
　　（私立專科以上學校在教育部立案，私立中小學在
　　省市教育廳局立案）。

二、限滿之後各省市主管教育行政機關對於私立學校應
　　嚴加管理，有左列情形之一者得勒令停辦：

　　（一）未經照章立案或備案而先行招生開學者；

　　（二）校舍基金設備等項不合規定者；

　　（三）辦理不善或違反規定者。

三、各省市主管教育行政機關對於私立學校管理情形應
　　隨時呈報國民政府主席東北行轅政務委員會備查。

東北區報紙通訊社管理辦法草案

一、東北區之報社通訊社非經依法聲請登記由地方主管
機關核准內政部發給登記證者不得發行（遷地出版
變更登記同）。

二、現尚未經依法登記之報社、通訊社統限於本年十二
月底以前完成登記手續，否則停止發行。

三、有左列情形之一者勒令停止發行：

　　（一）各報社、通訊社登記聲請書應載明之事項有不
　　　　實之陳述者；

　　（二）報紙通訊稿之內容有不合於動員戡亂規定者。

四、其他事項悉出版法、出版法施行細則、新聞記者法
之規定辦理之。

決議：修正通過，兩辦法名稱均修正為「暫行辦法」。

三、全體常務委員提「農村事務局業務配合經濟作戰計
劃」業經審查請再討論案。

重建東北農村合作事業配合經濟作戰計劃書

一、過去的檢討

　　查偽滿時代合作組織甚為普遍，業務亦頗發達。勝
利以後雖被蘇軍及匪軍暴人一再破壞，然所遺資
產為數仍至可觀。其組織計有三大系統：一為商工
金融合作社，一為學生會，一為興農合作社。商工
社約當於都市信用合作社，組織已由中央合作金庫
接收；學生會約當於公教人員工消費合作社，已由
社會部合作供銷處接收，興農合作社為普及各縣之
農村合作組織，亦即偽滿合作組織之主幹，偽滿政

府為達成其搜括民財及倍養財源之目的，無論在業務、資金與法令上，均賦予種種特權，使之成為實行農村經濟政策而創設之國策機構，舉凡興農用品之購辦與供給，以及各種農業貸款、農民強制儲蓄小款存數之辦理等等，均無一不透過興農合作社，以致各社組織及業務均構成一龐大之體系，接收以後先經社會部設置偽滿興農合作社清理處，清理其債權、債務，後由本行轄經濟委員會特設東北農村合作事務局承辦其業務，詎該局及其分支機構、各省分局、各縣農村合作社■■分別設立，即困於匪禍，大部縣市相繼陷落，較安全各縣市亦因交通及軍事影響，均隨而滋生嚴重問題，加以營運資金久未撥下，遂致業務無法展開。月前經本行轄以■社字第一八七三九號訓令悉予裁撤，並頒發撤裁辦法四點，令該局及各省縣遵辦，今後各該省縣所遺資產應如何保存利用，新的機構應如何建立，資金應如何籌集，業務應如何進行，總之應如何加以整頓，始能配合軍事展開經濟作戰，完成戡亂建國大業，實有待於重行規劃以為推進爾。

二、重建的目標及原則

我國當前一切措施，無疑的均以「戡亂建國」為總目標，東北合作事業自應於「戡亂建國」之大前提下，配合實際需要，負擔其本位責任，所謂本位責任，即兼主任於本會委員宣誓與致訓詞中所揭示之「實施民生主義經濟，努力增加生產力，力求合理分配，以改善國民生計，保障公教人員及軍人生

活」，「所謂民生主義經濟就是根據總理民生主
義的原則，對於各種物資從生產到分配都加以合
理的管理，而其辦法又分為四大類，即增加生產、
管理物資、物資調節、合理分配」。東北農村合作
組織應為農村經濟作戰之中心機構，自應以農業改
進及推廣農用機械之供給，以及各種農貸之辦理為
業務，以「增加農業生產」，以農產品之運銷及收
購與農民生產及生活用品之供給業務，以求「調節
物資」、「管理物資」，以消費業務以求「合理分
配」。以上四大任務為我行轅經濟政策綱領，亦即
東北農村合作事業重建之準繩。重建之原則概略言
之約有三端：

(1) 各省市原有合作資產全部用以發展合作事
　　業，毋使散失，並絕對不得挪作其他用途；

(2) 廢止東北特殊合作制度，各省縣農村合作事業
　　之重整，悉依中央法令辦理。

(3) 加強合作組織社務及業務之戰鬥性，配合軍事
　　進展，俾得遂行經濟作戰之目的。

三、組織及業務

(一) 組織

(1) 強化社會部全國合作社物品供銷處東北分
　　處，充實其業務，以為東北各省市縣合作組
　　織之總機構。

(2) 各省省政府在目前經費編制限制下不能成立
　　合作事業管理處者，依照三十一年三月四
　　日社會部公佈之「合作社物品供銷處實行

辦法」，設置各該省合作社物品供銷處，接管東北農村合作業務局各該省分局之資產及業務。

(3) 各縣縣政府根據二十九年八月九日行政院公布之「縣各級合作社組織大綱」組織各該縣縣聯合社，接管各該縣農村合作社之資產及業務，上項資產應視作政府到各該縣合作組織之投資產，但仍為公有。

(4) 各縣鄉鎮保合作組織亦應繼續推進，以為縣合作社聯合社之單位合作社。

(5) 各縣市得依據三十二年九月十八日國民政府公布之合作金庫條例籌設縣市合作金庫，以調劑合作事業資金，各省市得依同法請求中央合作金庫設立分支庫，縣市合作金庫未成立前由各縣縣銀行負各該縣合作資金調劑之責任。

(6) 鄉鎮保合作社、縣合作聯合社、省合作社物品供銷處及社會部全國合作供銷處東北分處，為一完整之合作業務體系，應加強其輔導聯繫作用，並應與各該級合作金融機構密切配合，俾以擔負經濟作戰之重任。

(二) 業務

各級合作組織除舉辦合作社法所規定之各項業務外，茲根據當前東北各省縣實際需要及政府經濟政策，擬定其中心業務數端如後：

（1）購銷業務

購買業務包括種子、肥料、農具及其他生產用品之供給，運銷業務則注意農產品之加工運銷，尤應注意於特種農產品如大豆等之統運統銷，此項業務展開後可達「管制物資」及「調節物資」之目的。

（2）農業推廣

此項工作為合作社對農民之服務事項，對增進生產及發展業務上裨益匹大，尤以優良品種及科學技術非以組織力量予以推廣則難期實效，偽滿興農合作社以此為首要業務，收效頗著，東北農村合作事務局亦以此為中心業務，惟限於資金及環境成就未能大著，今後各級合作組織仍應配合農業改進機關，視為主要業務積極辦理，以達政府「增進生產」之政策。

（3）消費業務

當此物價步漲、交通困難之情形下，平抑物價、安定民生、調節供求及促進分配之合理化，實為動員戡亂之基礎工作。各級合作組織自應積極展開消費業務，平價供應民眾生活必需物品，並擔任政府物資配給之基層機構。

（4）信用業務

光復以來政府到東北已收復各省縣歷次緊急農貸、普通農貸及特種農貸均係透過各級合作組織貸發，今後各級合作社組織自應繼續承辦農業生產、農田水利、農業推廣、農村副業等貸

款，並應配合政府財政金融政策吸收農村中心儲蓄及存款。

（5）利用業務

辦理農民共同利用之設備，如機械農具及生產品之加工設備等（水磨、電磨、小型榨油機、棉花打包機等）。

四、與有關機構之配合及聯繫

（一）與合作機構之配合

（1）加強各省合作科及各縣合作股之組織及人事，切實負起各該省縣合作組織之計劃、指導、監督、考核之責任。

（2）各級合作組織由保、鄉、鎮、縣、省以至東北區各級在業務上能構成一完整之體系密切配合靈活運用。

（3）普及都市消費合作組織，以為平抑物價、調節物資及分配政府物資之配給機構，以配合農村合作事業，改善都市市民及公教人員生活。

（4）指導還鄉義軍及匪區逃亡離胞利用未墾荒地、敵偽開拓田與接收之殘破工廠組織合作農場及合作工廠，俾以配合農村合作事業實現社會化之經濟編制，擊破共匪爭取農工煽動階級鬥爭之企圖，並運寓救濟於生產之目的。

（5）各級合作金庫應就金融立場全力支持各級合作組織，辦理各項業務，並應將辦理情

形隨時呈報備核。

（6）各合作社團應發動社會力量協助事業之
推進。

（二）與物資及金融機關之聯繫

（1）東北物資調節委員會為東北物資管制調節
之統籌機構，為謀加強工作效率、節省經
費開支，亟應與社會部合作供銷處切取聯
繫，並以各級合作組織為其下層業務機
構，委託其代購、代運、代配。

（2）東北生產局中紡公司東北分公司、中央信
託局及其他國營、省營廠礦應與各級合作
組織切取聯繫，俾使物資管制調節及分配
工作得以圓滿進行。

（3）各級合作組織承辦政府委託之特種業務
時，除由中央合作金庫、中國農民銀行出
息實借營運資金外，其他國家行庫局亦應
予以資金上之融通。

決議：由朱、王、高、鄒四常重擬草案提會，農田水利
處處長及田子敏、李世家、趙鴻德列席，由朱
常委召集。

四、修訂「東北各省市宅地及礦泉地徵收土地稅暫行辦
法」請討論案。

**修訂東北各省市宅地及礦泉地徵收土地稅暫行辦法
（案）**

第一條　　東北各省所屬縣市及院轄市之市宅地及礦泉

地暫依本辦法徵收土地稅。

第二條　宅地及礦泉地之土地稅向土地所有權人徵收之，其有典權之設置者向典權人徵收之

第三條　對於敵偽所遺之宅地及礦泉地，其土地稅之徵收依左列規定處理之：

一、經政府機關接收作為公有而不作公共使用者向其接收機關徵收之；

二、經政府機關接收作為公營事業經營者，向其經營機關徵收之；

三、未經政府機關接收者向該土地利用者徵收之。

第四條　宅地及礦泉地土地稅之課稅計算標準如左：

一、地目等級面積及地號以民國二十五年度土地稅底冊（即地稅台帳）所載者為標準，二十五年度未能開徵地域依二十四年度土地稅底冊之記載辦理之。

二、地價暫照偽滿地稅法所定地價提高二百六十倍。

第五條　宅地及礦泉地之土地稅率按地價徵收千分之二・五，但地籍未整理完了地區仍按舊例計算將稅率提高二百六十倍。

第六條　徵收期限定為二個月由十一月二十日起至翌年二月二十日止逾期滯納者，自限滿之日起第一個月加徵百分之五，第二個月加徵百分之十，超過兩月者傳案追繳並照欠額加徵百分之二十。

第七條　　欠戶經傳案追繳仍不繳納者，由徵收機關聲請司法機關拍賣其土土地及定著物抵價欠額，如有餘款交原欠戶。

第八條　　前項土地及定著物如拍賣一部即足抵償欠額時，應僅拍賣其一部，因地方發生災難對於宅地及礦泉地土地稅之徵收得依納稅義務人之申請按災難情形酌予減免。

　　　　　前項減免手續應按土地賦稅減免規程之規程定辦理之。

第九條　　徵收事務由縣市政府辦理之，院轄市由財政局辦理之，稅款之收納由縣市公庫辦理之，無公庫地方得由縣市徵收機關辦理之。

第十條　　縣市政府應於開徵前將土地稅底冊（即地稅台帳）整理清楚編造徵冊，該項底冊如存遺失，應限期令所有權人提出所有權狀查核補造，如所有權人逾期未繳驗或無報告者，得比照鄰近類似土地由縣市政府決定標準實施課稅。

第十一條　縣市政府應於開徵前十五日布告週知，並將宅地及礦泉地之土地稅票納稅通知聯送達納稅人。

第十二條　縣市政府應於旬終了時將所收稅款按各級政府分配成數詳細計算撥，並編製徵納報告，送由應得稅款機關列賬，同時呈報上級機關查核。

第十三條　各縣經徵稅款以總額百分之十二撥解中央，

　　　　　　百分二十為省收入，百分三十六為縣收入，
　　　　　　百分之三十二為鄉鎮收入，各市經徵稅款以
　　　　　　總額百分之十二撥解中央，百分之二十為省
　　　　　　收入，百分之六十八為市收入。
　　　　　　院轄市經徵稅款以總額百分之四十撥解中
　　　　　　央，百分六十為本市收入。

第十四條　省得就縣市分配之成數中酌提百分之十至
　　　　　　十五為調劑貧瘠縣市之用，縣於必要時經
　　　　　　呈准省府得就鄉鎮分配之成數中酌提百分
　　　　　　之五至十五以為調劑貧瘠鄉鎮之用。

第十五條　經徵經費由縣及鄉鎮按分得稅款比率分擔
　　　　　　之，市及院轄市由市及院轄市各自負擔之

第十六條　本辦法自公布日施行並報請行政院備案。

決議：交法制室簽註意見，提全體委員會議討論。

五、兼主任委員交議據物調會呈報物資分配原則是否可
　　行請討論案。

　　案據物調會十一月二十六日代電開「案奉十一月二
　　十四日借發字第一六〇三號電略開：『奉兼主任陳
　　諭，今後非經親自批准之單位，無論何機關團體
　　不得配給物資，及東北各私立大學學院及學校均
　　不得配發物資，如有已經配給者應即日停止』等
　　因，自應遵辦：

　　（一）自文到之日起所有公教公營機構員工暨各單
　　　　　位團體之按月配售物品一律停配，俟呈奉核
　　　　　准後再行遵辦，惟查十一月份公教暨公營業

務人員已屆配售日期，應否仍按向例配售仍
請迅賜核示；

（二）凡屬私立學校學生配糧，遵自文到日起停配。
以上兩項除經分別通知有關單位遵照外，謹將全部
配售單位列具名冊三份報請鑒核。

複查本會奉命辦理配售業務謹再就有關業務各點分
陳如下：

（一）查本會接辦公教人員配售業務係以十月二十
　　二日東北公教人員供應總社奉命改隸本會為
　　第一階段，十一月一日東北公教人員供應總
　　社裁併本會為第二階段，接辦匝月深感配售
　　範圍有根據下述原則重新嚴確核定必要：

（甲）配售公教公營業務人員暫以現在瀋陽
　　　之單位為限；

（乙）各該請配機構名額以正式編制所列
　　　為限；

（丙）各該機構薪津項下列有米貼者不在配
　　　售之列；

（丁）凡屬籌備性質機構不予配售；

（戊）凡未經中宣部正式立案之報社通訊社
　　　不予配售；

（己）各機關駐瀋附屬機構以各部會院暨各
　　　省市駐瀋辦事處為限；

（庚）參議會、區公所、自衛隊、郵電局、
　　　銀行、鐵路、警察、公營工廠均不得
　　　列入配售範圍；

（辛）凡屬軍事性質機構不在配售之列；

（壬）凡屬裁駢機構自奉令裁撤之日起停止配售。

（二）本會負責籌備學校住宿生食糧係於四月二十九日開始辦理，當時奉令安頓學子生計，免滋學潮，歷月本會貼補達陸億圓（連貼補公教人員配價共約二六億圓），至今遵勉供應以維現狀。」

等情，為荷辦理，敬請公決。

決議：原呈配售原則（丁）項改為「凡屬籌備性質機構未經核准者不予配售」，餘照原呈通過。

六、兼主任交議據政務處簽擬東北行轅政治工作隊編組辦法草案請討論案。

查編組政治工作隊案，前經本會第三次會議議決交政務處簽擬提會，茲據該處擬呈辦法草案前來，是否可行，敬請公決。（附辦法草案一份）

東北行轅政治工作隊編組辦法草案

一、東北行轅政務委員會為配合剿匪戡亂，加強政治戰鬥起見，特就各機關編制原有人員中挑選其精幹者編組政治工作隊

二、東北行轅直屬各機關人員編組行轅直屬政治工作隊，各省市機關人員編組各省市政治工作隊。

三、應編入政治工作隊之人員經編入隊後，須將姓名、年齡、性別、籍貫、學歷、經歷等項造冊送由東北行轅政務委員會備查，一經編定，非經核

准不得離隊。

四、各隊編制分大隊、中隊及區隊，每三十人為區隊，每三區隊為中隊，二中隊以上為大隊，其不足二中隊者通稱為政治工作隊。

　　前項編組以原屬同一機關人員編入同一區隊為原則，如有特殊情形由各隊斟酌辦理。

五、政治工作大隊設大隊長一人、副大隊長二人，政治工作隊設隊長一人、副隊長一人，綜理全隊事務。各中隊設中隊長一人，區隊設區隊長一人，分別處理各中隊及區隊事務。均由政務委員會就各機關應編入政工隊人員中遴派之。

六、各政治工作大隊及政治工作隊隊部設秘書一人，協助處理隊部事務並分設左各組：

　甲、總務組　掌理文書、人事、出納等事宜。

　乙、政治組　辦理協助地方機關清查戶口、編組保甲、組訓民眾、剿匪動員、難民救濟、軍民合作、諜報勤務等之設計指導考核事宜。

　丙、經濟組　辦理協助地方政府對匪封鎖、吸收匪區物資、遏制偽幣流通、策動保護交通並破壞匪區生產事業等之設計指導考核事宜。

　丁、文化組　辦理宣揚三民主義、振奮民族精神、揭發共匪罪行及政府行憲決心，並會同地方政府救濟失學青年，輔導文化事業等之設計指導考核事宜。

前設各組各組長一人，組員及辦事員各若干人，均就原隊隊員中調用辦理各項業務。

七、各政治工作隊均隸屬東北行轅政務委員會，惟省市政府對於各該省市之政治工作隊得指揮監督之。

八、各隊編組成立後，先由中央訓練團東北分團訓練四星期至六星期，受訓期滿再派往收復各縣市參加實際工作一月，然後分派前線隨軍推進，或使之潛入匪區實行政治戰鬥任務。

九、各隊所有隊員對原屬機關恢復編制擴充人事時，得盡先回任原職，必要時各級政府機關亦可隨時請調轉任職務。

十、各隊隊員仍按原任級職發給薪津。

十一、各隊所需經費重直屬大隊列入政務委員會預算，各省市大隊或政治工作隊得列入各省市預算，均報由本行轅核發。

十二、各隊實行軍事以管理，服裝、武器均統籌發給。

十三、各隊編制訓練綱要、工作指導綱領及辦事細則等項另定之。

十四、本辦法自呈奉核定後施行。

決議：修正通過，附修正部份如左：

　　一、第三項「經編入隊後」五字刪去。

　　二、第四項改為「各隊編制分大隊中隊及區隊，每三十人為一區隊，每三區隊為一中隊，二中隊以上為一大隊，人數在一大隊以上者稱為『○○省（市）政治工作大隊』，不足二中隊者通稱為『○○省（市）政治

工作隊』」。

三、第七項「省市政府對於各該省市之政治工
作隊得指揮監督之」改為「省市政府對於
各該省市之政治工作隊在實行工作時得指
揮監督之」。

四、第八項「四星期至六星期」六字刪去改為
「兩個月」，「收復」二字刪去，「各縣
市」改為「各省縣市」，「一月，然後分
派前線隨軍推進，或使之潛入匪區實行政
治戰鬥任務」等句均刪去。

五、第九項「級政府」三字刪去。

六、第十一項末句「報由行轅核發」改為「報
由本行轅政務委員會核發」。

七、第十二項改為「各隊隊員所需之服裝、武
器均統籌發給」。

七、朱常務委員提「東北行轅政治工作隊訓練綱要草
案」是否可行請討論案。

東北行轅政治工作隊訓練綱要草案

一、本訓練綱要依據東北行轅政治工作隊編組變法第
十三項規定訂定之。

二、訓練目的

在配合動員戡亂之國策，務使受訓隊員增強政治
認識，熟練組訓技術，瞭解■務政策，諳習鬥爭
方法，恪遵工作紀律，以鬥士身在同一目標同一
步驟之原則下，發揮高度活力，實行政治戰，以

提高行政效率，完成東北現階段之革命任務。

三、訓練方針

甲、注重革命哲學之研究與力行，養成受訓隊員
之革命人生觀，與冒險犯難之鬥爭精神，創
立政治新風氣。

乙、注重國策政令之研究與執行，養成受訓隊員
之貫澈力，執行決議，注重技術，不達目的
不■建立行政新方法。

丙、注重現實問題之研究與解決，從各種事實演
變中抓住對象，剖晰分解，尋求問題，研究
問題，解決問題，絕對矯正形式的空洞的傳
統痼習，使訓練與實際工作配合一致。

丁、注重工作紀律之養成，絕對服從紀律服從領
導，嚴戒散漫自由，凡言論行動，悉以政策
決議為依歸，培成有大我無小我、有工作無
生命之鬥士。

戊、注重真才之選拔，以客觀態度科學方法，劃
一標準區分戰位，實施考核，以備選用，達
成訓練與人事行政相輔為用。

四、訓練方式

以實施集體自我教育為原則，運用互教共學方法提
高研習精神。其方式如左：

甲、課室教學就各項業務，由講師授以概念，根
據事實提出問題，解答問題，同時製成施行
方法，尤注重基層幹部之技術，並由受訓隊
員互相講述工作經驗，提供研究資料。

　　乙、分組討論按照受訓人數分為若干組，■定問題
　　　　或施行方法發交研究，並派指導員出席指導。

　　丙、業務實習■定業務實習計劃，指定適當地區
　　　　舉行業務實習或演習，特別注重實施之技
　　　　術，是否能切合現實，完成任務。

　　丁、專題作業就研習所得■■■實際情形，分別
　　　　擬製工作方法，以為實施時之依據。

五、訓練內容

　　甲、精神訓練在使受訓隊員堅定民眾力量偉大，
　　　　正可抑邪，匪亂必平的信心，已養成冒險犯
　　　　難貫澈任務之精神，與習勞耐煩，誠懇說服
　　　　之氣度。約佔全部訓練時間百分之二十。

　　乙、政治訓練在使受訓練隊員明瞭三民主義之真
　　　　諦，認識國際及中國之大勢，了解共匪之陰
　　　　謀與東北目前之政治任務，共負起後期革命
　　　　戡亂平■之使命。約佔全部訓練期間百分之
　　　　二十。

　　丙、業務訓練在使受訓隊員滌除消積的形式的推
　　　　拉的公文主義，而注重推行業務之有效方
　　　　法，以增進其領導幹部執行業務之能力。各
　　　　項業務之推行，均須於訓練期間，製成整套
　　　　方法，使各隊員嫻習而善用之。約佔全部訓
　　　　練時間百分之五十。

　　丁、軍事訓練在使受訓隊員具備軍事常識，善用
　　　　武器，並養成健強體力與軍人生活之習慣。
　　　　約佔訓練時間百分之十。

前項課目另定之。

六、訓練期間

暫定一月，必要時得報請延長之。

七、訓練機關

東北行轅直屬大隊暨留駐瀋陽各省市大隊，委託中央訓練團東北分團訓練。其餘各省市大隊，由各省市政府就地籌訓。

八、訓練經費

各大隊所需經費，由政務委員會編具預算報請東北行轅核撥之。

九、訓練教官

由政務委員會就有關主管人員聘請之。

十、本訓練綱要自呈奉核定後施行。

決議：修正通過，附修正部份如左：

（一）第五項訓練內容，甲、精神訓練改為「約佔全部訓練時間百分之十」；乙、政治訓練改為「約佔全部訓練時間百分之十」；丙、業務訓練改為「約佔全部訓練時間百分之六十」；丁、軍事訓練改為「約佔全部訓練時間百分之二十」。

（二）第六項訓練時間「暫定一月」改為「暫定二月」。

八、兼主任委員交議據農田水利處簽請確定林木採伐及木材採購主管單位以專責成等情如何辦理請討論案。

據農田水利處簽呈稱本處職掌林業行政，凡屬國、公、私有林之採伐均須依照行轅頒佈採伐步驟第一條之規定向本會申請伐木許可，經核准後方能從事作業，以防濫伐。至審核一項，尤關技術，現行轅組織之木材採購委員會依其職掌僅司採購、徵購、分配、運輸等業務，與本處之職掌判然不同，惟以關於採伐及採購職權劃分不甚明確，致處理案件每在返轉送貽誤時日，爾後自應確定主管單位劃分職權，以專責成而利公務。

一、關於林木採伐申請及有關林木採伐業務由本處辦理。

二、關於木材採購及有關木材採購業務由木材採購委員會辦理。

以上所擬是否可行，敬請公決。

決議：照原簽辦理。

九、兼主任委員交議東北區公教人員福利應如何調整請討論案。

決議：由朱常委、王常委召集政務、財務、文化、工商、總務等處商擬辦法提會討論。

丙、散會

東北行轅政務委員會
第十一次常務委員會議紀錄

時　　間　三十六年十二月六日上午九時

地　　點　瀋陽本會三樓主任委員室

出席人　王副主任委員樹翰　　高常務委員惜冰
　　　　　王常務委員家楨　　　鄒常務委員作華
　　　　　朱常務委員懷冰

列席人　劉主任慕曾

主　　席　王副主任委員樹翰

紀　　錄　楊仲揆

甲、報告事項

（略）

乙、討論事項

一、馮常務委員提對於最近收復區域應迅作有效措施查
　　辦暴民肅清潛匪以維人心請討論案。

　　查被擾各縣，現正次第收復，為維繫人心內向，以
　　明邪正，擬請迅作如左之措置：

　　　一、據查各縣城市鄉鎮為匪侵佔後，即鼓勵暴民
　　　　　愚氓破壞秩序，選拔首領，組織維持、清
　　　　　算、鬥爭各會，肆意掠分糧畜物什，為保護
　　　　　良善，維繫人心內向，應嚴令返還物主，處
　　　　　決各會首領，若承認掠分而不究查，姑縱首
　　　　　領而不處決，任其逍遙法外，即等容許奸匪

　　潛伏幹部，暗中滋長待機響應，其禍不堪設
　　想，人心勢必日離，對政府蘇望全絕，不啻
　　為匪宣化。

二、據查各縣鄉鎮保長，幾無正人富戶擔任者，
　　鄉鎮長僅有三分之一家稱人值者，此次海城
　　陷匪，鄉保長多有自動投匪，為匪獻勤，組
　　織各會情事，為期健全基層，應責令凡任鄉
　　鎮村保長應以富戶充之，庶可於匪侵佔時免
　　為利用。

三、查各縣之鄉鎮村保皆為地方人，對於清查奸
　　匪潛伏，決難生效，擬由本會責令各省，組
　　織清鄉工作隊，澈底鏟除潛伏份子，斷匪聯
　　繫，本會應派一清鄉督辦，總管其事，各地
　　巡視，付以處決特權，庶可收拾人心，鎮懾
　　暴亂。

　　以上三項，為目前急務，關係安危，敬請公決。

決議：列入政治綱領內一併討論。

二、馮常務委員提加強行轅幕僚長與本會常委聯繫以期
　　配合軍政展開接收工作請討論案。

　　查政務軍事，相輔相乘，極需配合，發揮力量，而
　　事實各自行動，毫無聯繫，如軍事於收復某地開
　　始時，則電信、鐵路，應準備材料，隨軍搶修，縣
　　府人員，應準備隨軍進入，糧食、煤炭，應準備購
　　運辦法，撫濟宣傳，應準備必需資料，庶期於軍隊
　　進佔後，各種應作之事與之俱來，否則殊無積極效

率，徒增臨時張皇之苦，擬請行轅幕僚長與本會常
委密確聯繫，俾有準備，而保密責任，應由接受準
備者負之，右案關係聯繫與準備，敬請公決。

決議：由本會附案函請行轅正副參謀長查照酌辦。

三、兼主任委員交議據交通處簽呈交通機關之事業費及
　　經常費應如何撥發請討論案。

　　查交通機關事業費及經常費之撥發，向有根據交通
　　部核定墊發，與由政經兩會主管處審核墊發兩種辦
　　法，由交通部核定本會墊發者，其理由為：

　　（1）交通部各有專司，本會依據該部之核定，即行
　　　　 墊款。

　　（2）本會墊付之款，當轉交通部帳，則一切責任當
　　　　 由交通部直接向行政院負責。

　　逕由本會審核墊發者，其理由為：

　　（1）就近考查審核，當較交通部實際。（但應具專
　　　　 門技術之人員，方能審核適當。）

　　（2）經審核後即可墊款，於爭取時效上較為有力。

　　以上兩種辦法，究以採用何種為當，敬請公決。

四、兼主任委員交議據財務處簽稱關於東北區交通部門
　　貼補費及事業費之核撥擬依照東北及熱河各省市區
　　域內庫款收支暫行辦法補充辦法之規定由本處會同
　　詳核簽撥是否可行請討論案。

　　查過去經委會對中長路及國有鐵路每月貼補費之審
　　核，係憑各該處局所報營業收支預算，及交通部

意見辦理，惟近月來，各路貼補月有增加，如國有路七月份為十五億五千萬元，八月份為二十億元（另機煤補貼六億三千萬元在外），九月份為三十四億五千零二十一萬元，十及十一月份各請七十五億餘萬元，此間因受軍事影響，行軍里程縮短，收入減少所致，但其支出各項，似欠撙節，如交通部特派員辦公處所送各區鐵路局十月份收支預算，所列各項支出數字，均甚龐大，且較九月份增加甚巨，如物料費（機煤油料）、辦公費（印刷紙張）固因物價上漲而增加，但如總局恤金養老救濟費九月份列五萬元，十月份列一百萬元，捐款九月份列十萬元，十月份列一百萬元，教育費九月份列一百萬元，十月份列三百五十萬元，計增加三倍至二十倍不等，又如總局辦公費內，列傢俱設備九百十二萬元，房屋修繕八百六十九萬元，亦較上月增加百分之十，查各機關房屋及設備，似無需月月修繕或添置，且依照國府公佈之三十六年度追加預算限制辦法，此項費用，應在原核定預算範圍內勻支，不得追加，際此國庫支絀之時，尤宜緊縮，過去經委會核撥貼補費，多照交通部意見辦理，但查交通部歷次來電，均依據該部特派員辦公室處所報數字，轉商照撥，從未核減，是以本處接辦後，對此項案件之處理，深感困難，如沿過去手續，憑交通部意見墊撥，以數字過於龐大，國庫實難支應，對於中長路及國有鐵路十及十一月份貼補，已簽奉主任核准，先照九月份貼補數墊撥，餘俟飭補

編詳細收支計算再核，茲准交通處意見，交通事業經費之墊撥，不外：

（一）根據交通部核定數墊撥，

（二）由主管處詳核撥發。

今後究應採用何項，擬提會核定，以使有所遵循等由，查依照東北及熱河各省市區域內庫款收支暫行辦法規定，「駐東北各中央機關經費，在預算未成立前，由各主管機關報行政院核定，令國庫墊撥」，又其補充辦法規定，「凡東北中央各機關緊急用款，均得報由東北行轅核准，先令就近央行墊借」，故本會對東北各部會墊款，如其已經政院核定，自當照核定數墊撥，如未經政院核定，似應本上項補充辦法精神，由本會負責審核，對於交通補貼，以前交通部既係根據該部東北特派員所報數字轉商墊撥，嗣後似應由本處會同交通處負責詳核，以採用第二辦法為主，究應如何辦理，敬請公決。

決議：以上兩案合併討論，嗣後交通機關請款案件先由主管處審核簽註意見送財務處主簽。

五、兼主任委員交議據前經委會擬具東北墾殖事業推行辦法草案是否可行請討論案。

據前經委會簽呈稱「前奉行政院代電請召集各省市政府及有關機關將國防部東北屯墾實施計劃酌予修正，並將會商結果開送國防部一案，及行政院交議關於侯參政員天民等所提請求政府迅速妥擬計劃接辦日偽在東北所有墾區農場加緊工作一案，涉及東

北整個墾務及敵偽開拓田處理問題，事甚重要，經
前後兩次召集各省市政府及有關團體二十餘單位代
表慎重研討，擬定「東北墾殖事業推行辦法草案」
簽請核示等情前來，經鄒常務委員簽註意見交秘書
處重行整理，茲附整理草案一份，敬請公決。

東北墾殖事業推行辦法草案

第一條　東北墾殖事業之推行應以左列各種土地為對象：

　　　　一、過去敵偽組織經營之開拓田；

　　　　二、可耕而未墾之荒地。

第二條　前條所列之各類土地其產權及處理辦法如左：

　　　　一、過去敵偽組織經營之開拓田

　　　　　　甲、由敵偽組織出價徵購之土地，係自耕
　　　　　　　　農者無價發還，係地主者收歸公有。

　　　　　　（備考）查行政院頒收復區土地權利
　　　　　　　　清理辦法第六條前段規定「敵偽組織
　　　　　　　　發價徵收之私有土地由政府保管清
　　　　　　　　理，得准所有權人提出確切證件，以
　　　　　　　　徵收時所領價金按目前物價指數繳價
　　　　　　　　領回」等語，同辦法東北各省市施行
　　　　　　　　細則第十二條之規定亦大體相同，凡
　　　　　　　　屬此項土地，無論自耕農或地主均得
　　　　　　　　繳價領回，且無自耕農無價發還之寬
　　　　　　　　典，與本目規定頗有出入。

　　　　　　乙、由敵偽組織強佔或沒收之土地，無論
　　　　　　　　原屬於自耕農或地主一律發還之。

　　　　　　（備考）查收復區土地權利清理辦法

第五條前段規定「敵偽組織沒收或強佔之私有土地應由所有權人提出產權憑證發還之」等語，同辦法東北各省市施行細則第十條第一項之規定亦大體相同，本目與一般之規定相合，自屬適當。

丙、由敵偽組織利用國有或公有之土地仍歸國有或公有。

（備考）查收復地區土地權利清理辦法第四條規定「敵偽組織放領之公有土地一律無效，但其承領人為自耕農而繼續耕作者限期重辦承領手續，並免予繳價」等語，是對於自耕農承領之公有土地不盡收歸公有，本目之規定與上開條文稍有出入，又同辦法東北各省市施行細則第五條至第七條及第九條對於公有土地經敵偽組織出賣、放領或放租者，均有詳細之規定，似可加以參酌。

二、可耕未墾之荒地

甲、國有之荒地應統一計劃實施屯墾。

乙、公有或私有之荒地由政府依照土地法荒地使用章之規定實施招墾或督墾。

第三條　各種土地之復耕墾殖應採用左列兩種制度：

一、整片土地而有相當規模之設備或不能分割者，其產權無論為國有、公有或私

有，均應採用集體經營。

二、零星土地無集體經營之必要者，應採用
自由經營。

第四條　復耕墾殖事業之經營應採用左列三種方式：

一、公營　凡公有土地或依法得徵購之土地
有公營價值者應歸公營。

二、合營　凡公私土地有合營之必要者應歸
官民合營。

三、民營　凡不合於公營或合營之土地應歸
民營。

第五條　在長春以南人口較密地區應利用當地人民實施
墾殖，長春以北人口稀少地區應實施移民墾殖
或屯墾。

第六條　前條移民墾殖其來源及種類如左：

一、其他地區農民願就墾者；

二、由政府指定之人民應移墾者；

三、復員官兵應授田者。

第七條　耕墾所需機械、農具、種子、肥料、牲畜等
一切應用物資應由政府統籌充分供應，其辦
法如左：

一、設廠製造；

二、獎勵企業家製造；

三、購運配售。

第八條　農墾資金應由國庫籌撥專款交由中國農民銀
行、中央合作金庫貸款供應。

第九條　為加強指導實施，應由政府設置東北統一墾殖

　　　　　管理機構辦理收集資料、制定法令、實施研
　　　　　究、擬具計劃、訓練墾民、監督考核等工作。
第十條　　本辦法由東北行轅公佈實施，並報請行政院、
　　　　　國防部備案。

決議：修正通過提大會討論，附修正部份如左：

　　　　一、第二條第一項甲目「係自耕農者」句下加
　　　　　　「（但自耕農以每丁百畝為限）」一句。

　　　　二、同項丙目末句下加「但對於敵偽組織放領
　　　　　　之公有土地，得參酌收復區土地權利清理
　　　　　　辦法及同辦法東北各省市施行細則辦理」
　　　　　　一句。

　　　　三、同條第二項甲目末句下加「或督墾」三字。

　　　　四、第九條「擬具計劃」句下加「調查清理」
　　　　　　四字。

六、兼主任委員交議據秘書處簽呈編譯室擬辦事項是否
　　可行請討論案。

　　據秘書處簽呈稱「查本處編譯室，已組織就緒，應
　　即展開工作，謹將擬辦事項分陳如左：

　　一、發行『公報』，自本會成立之日起每週一冊。

　　二、編印『東北概況』，引起國人對東北之注意。

　　三、編印『東北政務月刊』，將本會各處『計
　　　　劃』、『報告』及各研究會與蒙旗復員委員
　　　　會之『專題研究』可以公佈者，摘要彙編，
　　　　以廣宣傳。

　　四、整理前資料室留用日人綜編之各種資料，以供

設計部門參考。

五、剪報編製索引，存備查考。」

所擬各項是否可行，敬請公決。

決議：第一、五兩項照辦，第二項「東北概況」改為
「東北年鑑」重行編撰，第三項緩辦，第四項
由秘書處詳擬辦法送核。

七、兼主任委員交議「東北各省市宅地及礦泉地徵收土
地稅暫行辦法案」經秘書處簽註意見是否可行請討
論案。

附秘書處修正意見如左：

（一）原辦法第三條第三款「向該土地利用者徵收
之」擬改為「向利用該土地者徵收之」。

（二）原辦法第四條「為標準」三字擬改為「為
準」兩字。

（三）原辦法第六條「第一個月加徵百分之五，第
二個月加徵百分之十」，擬於兩個加徵之上
俱加「照欠款」三字。

（四）原辦法第八條「得依納稅義務人之申請」之
下擬加「按照實際災難情形」再接酌予減免。

（五）原辦法第十條「得比照鄰近類似土地由縣市
政府決定標準實施課稅」下擬加「如決定發
生困難時得酌量情形實行清丈」。

（六）原辦法第十二條所定「擬於每旬終了時」，
擬改為「應每旬」三字以求簡當。

（七）原辦法標題寫作「征收」，以下寫作「徵

收」，仍應一律寫作「徵收」。

該處所擬是否有當，敬祈公決。

決議：照秘書處修正意見通過，並於全體委員會議提
　　　出報告。

八、朱常務委員提東北農村合作事業配合經濟作戰計劃
　　經集會審查重擬草案二份請討論案。

　　查東北農村合作事業配合經濟作戰計劃案，經遵本
　　會上次會議決議於本月三日下午召集審查會議，並
　　決議交趙鴻德、田子敏兩先生各擬辦法草案一份提
　　會討論，茲據各呈草案一份前來，是否可行，敬請
　　公決。

東北農村合作事業配合經濟作戰方案（甲案）

趙鴻德擬

一、宗旨

　　查偽滿時期敵人建立興農合作社，事事有制度，處
　　處用專才，故能人盡其才地盡其利，居然十年有成，尤
　　於戰爭期間使東北成為名符其實之大陸兵站基地者，厥
　　唯合作社為其原動力。當戡亂建國之今日，如何復甦農
　　村，以把握民心、安定民生，至屬迫切，故吾人認為第
　　一為保持偽滿時期興農合作社之優良基礎，第二為配合
　　當前動員戡亂經濟作戰計劃，第三為實現民生主義之最
　　終理想，對東北農村合作事業必須為急要之圖。

二、機構

（一）東北合作事業最高指導機關

　　　設東北合作事業指導委員會（隸屬東北行轅政

務委員會）

1. 組織

由政委會指定常委及委員二至三人外，並聘
左列人員為委員：

行轅農田水利處處長

委員會所在地省府建設廳廳長

東北合作金庫經理

東北農民銀行經理

東北四聯分處主持人

民意機關代表

熱心合作人士

本會主任委員及副主任委員應由政委會指
定之。

委員會應設秘書二至三人辦理會議紀錄、文
書、人事審核等事項。

2. 職權

委員會為東北合作事業之設計指導機關，負
決定業務方針，核定業務計劃，籌措業務資
金及決定重要人事之責。

關於一般合作行政之指導監督等事宜，應由
農田水利處合作科辦理之。

（二）省地方機構

與省政府配合採因地制宜之制度。

1. 組織

甲、擴大合作科

於接近匪區未完全收復之省分，宜擴大

其合作科承辦此項業務。

乙、設合作事業管理處

查遼寧省治安較好，為今日東北之心臟，推行合作事業確屬有為，是以於遼寧省應將合作科改為合作事業管理處，以為東北合作事業之實驗區（按行轅飭東北農村合作事務局撤銷令中曾有業務特繁省份得依中央規定設置合作事業管理處，其他省份擴大合作科接辦之指示），其組織依中央規定緊縮編制，該處業務計劃、重要人事及經費均由東北農村合作事業指導委員會決定之（不增加省庫負擔參照資金各項）。

2. 職權

承指導委員會之命並省政府之指導，推動全省合作事宜。

（三）縣地方機構

設縣農村合作社（縣級組織仍以沿用縣農村合作社舊名為宜，隸屬於縣政府）

1. 組織

縣農村合作社設專任經理一人，由省遴派之，內分供銷、信用、農事三組，各設組長一人，另設事務員、會計員、指導員各一人（農事組長應由縣府農林股長兼），為輔助發展業務，社外另設地方合作事業監理委員會，以地方政府民意機關、金融機關、有關

　　人民團體首長及熱心合作人士組織之。

　　縣府合作股應併入農村合作社內所有合作行

　　政一併由農村合作社指導員遵章辦理之。

2. 職權

　　縣農村合作社為地方合作事業之執行機關。

三、業務

（一）非常時業務

　　以配合經濟作戰計劃把握民心為主。

1. 新收復區

　　應由合作社辦理生活必需品之供應，諸如食

　　鹽、棉布、糧食及資金等以資救濟。

2. 接近匪區

　　凡接近匪區地帶，應由合作社展開吸收物資

　　工作，諸如搶購糧食、棉花等，以免資敵。

（二）平時業務

　　以增加生產調節物資安定民生為主。

1. 供銷部門

　　凡農家用品之共同購買及農產物之共同販

　　賣，均由合作社為之經理。

甲、供應品

　　食鹽、火柴、煤油、麵粉、農具、牲

　　畜、農藥、化學、肥料、棉布等（斟酌

　　緩急擇要辦理）。

乙、運銷品

　　農產物、林產物及地方之特產物等。

　　以上中心業務辦有成效後，再漸次辦理農業

　　倉庫、農產物交易場、家畜交易場、水產交易所、輸送船以及農林漁牧等之加工。

2. 信用部門

　　辦理各項農貸及儲蓄，配合國策，兼辦一般存放，調劑農村金融。

3. 農事部門

　　以增加生產為目的就財力所能辦理左列各項：

　　甲、種子改良事項；

　　乙、施肥改良事項；

　　丙、防治病蟲害事項；

　　丁、農業機械提倡事項；

　　戊、牧畜增殖改良事項；

　　己、植林運動。

四、資金

（一）合作事業資金之來源

　　1. 政府之提倡股（基本金）；

　　2. 有關金融機關之貸款（如合作金庫、農民銀行、省縣銀行）；

　　3. 農村合作社現有物資之變價及農村合作社發還土地之收價；

　　4. 有關公私企業認股或補助（如中紡公司、中國農業機械公司等）；

　　5. 業務收入之盈餘；

　　6. 社員認股。

（二）農村合作機關與有關金融機關之業務配合

為確保農村合作事業之發展及絕對實現民生主
義計，政府應明定合作金庫、農民銀行其各所
有存款額百分之五十以上須貸與農村合作機
關，由東北合作事業指導委員會照業務計劃統
籌支配，以期積極繁榮農村經濟（偽滿與農金
庫存款百分之百皆貸放農村，頗可借鏡）。

決議：一、將農田水利處合作科改為合作室，並延攬
專門人才負責主持。

二、整個計劃方案交經濟研究會研討。

九、朱常務委員提調整東北公教人員福利案經集會審查
請討論案。

查調整東北區公教人員福利案，經遵上次會議議
決，於本月二日召集審查會議並決議：「一、本會
員工福利以配洽米煤為主，推總務處擬訂詳細辦法
提會討論；二、瀋陽區公教人員配售實物問題仍照
物調會原定辦法施行」等語，茲據總務處擬具調整
本會員工福利辦法前來，是否可行，公決。（附本
會員工福利辦法一份）

本會員工福利辦法草案

甲、給與標準

1. 職員食米　每人每月無價發給大米三十市斤。

2. 工友食米　每人每月無價發給高粱米三十市斤。

3. 職員取暖煤　每人每月無價發給取暖煤一噸，全
季按四個月計，共四噸，攜眷者
發實物，單身者減半發給實物或

代金。

4. 職員炊事煤　攜眷職員每人每月無價發給炊事用煤三百公斤。

5. 凡本會員工經主管人事部份通報有案者，均有享受本辦法規定之權利。

6. 本會調用原任會兼職人員其願享受本會福利待遇者，得提具系在原服務機關領受福利之證明，經核准後按本會同仁一律待遇。

7. 攜眷住本會供給暖汽及廚房宿舍者，即係另發取暖及炊事煤。

8. 到離差人員之福利起訖日期在十五日以內者按半月計，十五日以上者按全月計，眷屬之起迄日期亦同。

9. 發給實物以各單位以彙頒為原則。

乙、需用米煤數量及現在價款

一、大米

職員五△△人，每人每月三十市斤，十一、十二兩月份共需三△、△△△市斤，除價購前政治委員會存米一五、六六七市斤，尚需購一四、三三三市斤，每斤按一、△△△元（物調會估價）計，需款一四、三三三、△△△元，兩共二一、三三六、一四九元。

二、高粱米

工友三六二人，每人每月三十市斤，十一、十二兩月份共需二一、七二△市斤，每斤按七六△元（物調會估價）計，需款一六、五

　　　　△七、二△△元。

　三、取暖煤

　　　　攜眷職員三三七人，每人每月一噸，全季四

　　　　噸，共需煤一三四八噸，單身職員一六三人，

　　　　每人減半，全季二噸，共需煤三二六噸，兩共

　　　　一、六七四噸，每噸八三、△△△元，計共需

　　　　款一三八、九四二、△△△元。

　四、炊事煤

　　　　攜眷職員三三七人，每人每月三△△公斤，

　　　　十一、十二兩月份共需煤二、△二二噸，每噸

　　　　八三、△△△元，計需款一六、七八二、六

　　　　△△元。

　以上四項共需款一九三、五六七、九四九元。

丙、米煤及價款來源

　一、米煤

　　　　由物資調節委員會代為購運，但須按成本計價。

　二、價款

　　　　由接管前政經兩委會結餘經費項下動支（前政委

　　　　會結餘約一億元，經委會有無結餘待查）。

丁、主辦機構

　　　　由各單位組織福利委員會辦理。

決議：由朱常委召集物調會及有關機關人員擬具調整

　　　　東北全區公教人員福利根本解決辦法提全體委

　　　　員會議討論，在前項調整辦法未實施前，本會

　　　　員工福利暫照總務處原簽辦理，惟原辦法第六

　　　　條末句後增列「調用人員不在本會支薪者得酌

供膳食」一句。

十、兼主任委員交議茲擬具東北行轅政務委員會政治綱
領草案請討論案。

東北行轅政務委員會施政綱領草案

壹、總綱

一、本行轅為遵奉動員戡亂國策,針對當前局勢發動政
治、經濟、文化諸種鬥爭力量配合軍事,以求根本
消滅共匪,使轄屬各省市縣旗行政權確保完整,人
民生命財產得有保障,特訂定本綱領。

二、為達上項任務,轄屬各省市縣旗政治、經濟、文化
之各項措施必須採用軍事之手段、自治之精神,以
達成憲政之目的,故現期之政策法令悉應依據本綱
領重行研討決定之。

貳、政治部門

三、為救治現在政府機構及人民組織龐臃散漫,力量未
能集中,不合鬥爭要求之病態,一切應以軍事為重
心,機構務求簡化而去駢冗,組訓辦法務求簡單而
不苛煩,使政府與人民均凝化為一戰鬥體,每個公
務員、每個國民均為一戰鬥員,集中所有人力、物
力以與叛國害民之共匪作殊死鬥爭,以期殄滅。

四、為救治現在黨政軍民意志未能集中,一般情緒頹廢
悲觀之病態,各方應共認清當前任務,堅定信念,
振奮精神,同心一德,集中鬥爭目標於共匪,以發
揮共同一致之功效。

五、各級機構所屬大小單位均須加強獨立機動性,使能

在脫離領導時亦得發揮其本能，以施行政治戰，並能通力合作，集中力量於工作重點。

六、鬥爭工作原為革命力量之反應，其效能之高低即為革命力量強弱之徵驗，故每一工作人員均為實行革命之鬥士，必須加強革命的紀律，共矢廉潔勤勞、精誠合作，絕不容有貪污妒嫉、欺蔽因循等現象。

七、欲洗滌舊染，改變行政作風，與增進鬥爭技術，必須積極展開訓練工作以培養幹部、儲備幹部，故各級公務員役應一律施行嚴格訓練與管理，使日常生活能合於鬥爭要求，而為政治戰之一員，同時增進其對匪之認識及與共匪鬥爭之技能。

八、各級公務人員其本能乃為人民服務以解除痛苦，創造福利，故政府對人民之一切行政設施均須與其利害一致，切合人民需要，對人民之負擔務求公平合理，並依法提出民意機構事前徵商，事後公佈，嚴戒苛擾與繁複。

九、地方政府有保土安民之職責，人民有自衛之本能，清剿匪類不可專委之國軍，除股匪非地方武力所能消滅者，由國軍剿辦地方協助外，零匪應由地方負責清剿國軍協助之。

十、民眾組訓法令力避頭緒紛雜，應合保警、自衛、兵役為一體，基於人民保家、保鄉自身利害之要求，從基層起自動團結捍衛，由黨政出而領導並扶助其組訓，使能普遍而合法制，並明辨邪正順逆發揮高度仇匪敵愾，特別注意清查保甲內潛伏活動之匪徒，及與之暗通聲氣者，利用組織以清除之。

十一、組織民眾克制匪類，重在正氣的宣揚團結地方眾多之正人，以消滅少數之流氓集團，其勢原極順易，故應利用人皆向善之念，廣大宣傳，促使民眾踴躍參加增強反匪力量，以孤匪勢。

十二、已組訓之民眾應於各要點設哨盤查，有警則鳴鑼放銃互相呼應，民眾應為國軍之外■，國軍為民眾之保護者。

十三、人口孤弱力難自衛之鄉村應歸併於大村，合力拒匪，各村間應切實聯防互相呼應。

十四、地方政府及民眾對境內或過境國軍務大量發動慰勞，借給情報響導，並協助運輸等工作，以便利軍事並爭取同情互助。

十五、各省市縣政府不得離開轄境，如至情況萬分惡劣時，應分組活動並應組織政治工作隊或突擊隊在縣境內工作，確實掌握民眾，維護政權。

十六、共匪賣國劫民絕無民族思想，與共匪鬥爭乃中華國民全體性之鬥爭，此不獨我統治下之民眾應一致組織參加，即被其迫脅裹從與一時誤入歧途者均應導其來歸，共殲匪盜，故策反工作應從多方面發動之。

十七、在剿匪戡亂時期為增加幹部之機能起見，凡已經施行選舉保甲長之省縣，如選舉之保甲長其能力不合剿匪要求者，准由縣府撤換委派精幹而明瞭軍事者代理，俟治安恢復，原選舉之鄉保甲長得再行復職。

十八、各縣市轄境內之交通電訊均應由各縣市政府利

用民眾組織，切實保護其安全。

十九、流亡難民應為有計劃之救濟，且須具積極之意
義，由所在地政府收容、清查、編組、訓練，
授以鬥爭技術，並予以就業、就學、服役機
會，兒童則予以教育。

二十、國軍每收復一地區，政治力應立即跟進，安撫
人心，清查戶口，澈底摧毀匪之黨政組織及其
潛伏份子，拘治首要，分別懲訓，對脅從者概
勿追問。

廿一、收復區人民於匪擾時既得之合法權利，如與三
民主義之精神不相違反，仍應予以保障，不得
有藉名報復情事，債務、土地及其他產權之清
理悉依法處理之。

參、經濟部門

廿二、配合戡亂軍事，積極展開對匪經濟鬥爭。

廿三、嚴密封鎖匪區，凡紗布、糧食、食鹽等日用必
需品及黃金等，絕對禁入匪區。

廿四、發動匪區人民對匪實行經濟不合作運動，拒絕
使用匪鈔並破壞其通貨信用。

廿五、實行經濟游擊，破壞匪之生產機構及生產工
具，焚燬其資源倉庫，阻撓其交通運輸。

廿六、切實逐漸實施民生主義經濟，努力增加生產，
力求合理分配，以改善一般國民經濟並保障軍
公教人員生活。

廿七、著重一般經濟秩序之恢復（原有輕重工業之復
工，農業生產之維護），暫不從事新建設。

廿八、加強各經濟部門之聯繫。

廿九、鐵路里程修復通車者以五〇〇〇公里為目標，
首次維持瀋榆、瀋營兩線暢通，便利關內接
應，次則打通錦古、瀋長、瀋吉、吉長四線，
再視軍事情況逐漸恢復其他各線，電訊部份長
途線路亦以維持五〇〇〇公里為目標，航政部
份須恢復營口、葫蘆島兩港。

三十、儘量補充機車車輛，目前僅有可用之機車二五〇
輛、貨車四七一六輛，應付當前運輸實感不敷，
三十七年度應以將機車增至四〇〇輛，客車增至
五〇〇輛，貨車增至七〇〇〇輛為目標。

卅一、劑除積弊，推動運輸，鐵路貨運以每月一〇〇
萬噸為目標。

卅二、積極利用公路運輸及沿海與主要內河大船航
運，以補助鐵路之不足。

卅三、選擇工礦重點，而使其餘工業部門配合發展，
力求各業間與各地點間之合理配合政府，並輔
導各事業使在最短期內達到自給自足。

卅四、重工業生產以附表所列項額為目標，輕工業生
產以附表所列項額為目標。

卅五、關於輕重工業所需復工費及貸款應由政府預為
妥籌分配，以免偏枯偏潤。

卅六、為防範洪水氾濫，依照東北水利工程總局所定
計劃，完成東遼河灌溉工程，並繼續修建太子
河及遼河下游復堤工程，而增加農業生產。

卅七、加強改良品種，防治蟲害工作，以增加農業特

　　產，以增產皮棉二十五萬擔，柞蠶■■萬擔，菸
　　草五萬擔，高粱五十萬擔，水稻十萬擔為目標。

卅八、合理開發森林，以增加木材之供應，並獎勵造
　　　林及節約木材之使用。

卅九、農貸採取重點主義，盡量避免平均分配制度，
　　　俾劫後區域確需週轉資金者能收農貸之實效。

四十、實施土地法，確實核減房租、地租，限制私有
　　　土地之數量，並開徵地價稅及土地增值稅，逐
　　　步平均地權，以期最後達到耕者有其田。

四一、統籌軍糈民食，以期支應作戰而安民生。

四二、田賦繼續徵實，暫以五百萬石為目標，並推行
　　　累進徵率以期公平負擔。

四三、務使貨暢其流，盡量輸出大豆、五金、山貨、
　　　藥材，輸入米麵及工礦交通器材，而劑盈需。

四四、請中央政府指令東北區結匯銀行以展開東北直
　　　接對外貿易。

四五、裁汰駢冗，撙節行政開支，並逐漸推行公庫制
　　　度，嚴核度支，以減國庫負擔，完整縣市之收
　　　支，以自足為原則，事業機關之行政費與事業
　　　費應逐漸改善比例關係。

四六、剷除徵收積弊，切實遵行各項既定累進稅率，
　　　以裕國庫而均民負。

四七、加速拍賣敵偽產業物資，並由政府大量輸出大
　　　豆、五金，以期增加收入。

四八、請中央及早規定法幣出關，流通券關金化，而
　　　統一幣制。

四九、實施匯兌管制，惟匯款關內購物及瞻家等應盡量予以便利。

五十、計劃貸款實行稽核制度。

五一、管理物資，嚴禁囤積居奇，操縱物價。

五二、實行配給制度，先由公教人員開始，漸及一般商民，並分區分機關，量力逐漸實施，最後務期達到合理分配。

五三、各機關間物資交流務盡量採取轉帳方式，以減少貨幣流通而節省發行。

五四、管制物價重在以量控價，由主管機構掌握相當數量，主要必需物資如糧、煤、棉紗、棉布、食鹽，調劑市場需要，並由地方有關機關團體共同議價公佈週知使商民遵守。

五五、獎勵或強制人民從事直接生產工作。

五六、失業及流亡人民，除老弱婦孺予以直接救濟外，採取以工代賑方式使參加生產事業。

五七、限制奢侈品之生產與輸入。

五八、設法限制與戡亂及民生無關之人力、物力使用。

肆、文化部門

五九、東北文化、教育經敵偽長期摧殘，已產生不良之結果，故執行新政策不得因循現狀，亦不可漠視事實，對於一切設施均須詳細檢查，重新估價，然後揭櫫遠大目標，以革命手段逐步建設。

六十、救治學術上依賴盲從、紛亂徬徨之積弊，必先掀起三民主義文化建設運動，獎勵國父遺教、主席訓示之研究，並以國父、主席相衍相成之

一貫思想為中心，創設新哲學、新藝術、新社
會科學之體系及內容。

六一、倡導學術獨立運動，對固有文化從根救起，致力
整理與闡揚，對西洋科學迎頭趕上，注意改良
與發明，以提高自尊之心理。

六二、恢復篤實純樸之民風，首重鼓吹新生活運動，
從衣食住行方面加以改造，革除浮靡奢華之習
慣，從言談舉止方面加以改造，力矯虛妄卑鄙
之病態。

六三、擴大宣傳工作，爭取人心，應依據戰鬥原因、
科學方法，闡揚國策政令與揭穿奸匪陰謀，並
於動員戡亂過程之中，隨時針對新形勢提出新
號召，用各種不同方式同時發動工作，以提高
人民對清剿奸匪之信心。

六四、確定新聞為宣傳戰之主力軍，妥訂新聞政策，
將報社、通訊社、廣播電台重新部署，加強管
理，結成有組織之戰線，開展有計劃之攻勢，
促使奸匪宣傳陣營全面崩潰。

六五、隨時研究有效方法，向奸匪盤據區域進行宣
傳，燃起所有同胞之民族意識，以構成其懷念
祖國思想而粉碎奸匪思想封鎖政策。

六六、推行計劃教育，其先決問題為經費與師資，各
省市政府應於總預算中提高教育經費之比例
數，以期實行公費制度，關於師資之儲備與任
用，亦應由政府統籌採取甄審辦法，一律改為
委任，並提高其地位，保障其生活，期能切實

負起教育之神聖使命。

六七、義務教育於現有之課業外尤注意人格培養與體魄鍛鍊，學校應按照兒童多寡及分佈情形設立之，遇必要時得置教育警察，根據戶籍之登記轉移加以管理，使境內人民無間貧富，其受教育之權利與義務一律平等。

六八、中等以上學校教育內容應與政治、經濟、國防諸建設密切配合，減少現有之普通學校，參酌建設計劃、社會需要及當地之產業情況，增設各種職業技術學校，至於學生之升學就業則按照其志願秉賦及學業成績統籌辦理之。

六九、奸匪盤據區內之青年必須積極招致，施以嚴格訓練，然後統籌其升學就業，以期加強動員戡亂力量及厚植國家之根基。

七十、各省市縣應利用學生假期舉行集訓，補助學校教育之不足，實施政治訓練，以堅定其信仰，實施軍事訓練，以改良其習慣，推行勞動服務，以培養其技，能推行社會服務，以廣大其胸襟，並用以推動社會教育，釀成整個社會之改造。

七一、招訓邊疆蒙胞及歸化韓民，使之認識三民主義與世界人類之密切關係，而志願獻身革命，積極參加動員戡亂工作。

決議：修正通過並提大會報告，其修正部份如左：

　　一、 第十條「在一千以上之」與「其在一千以下之」等字刪去。

　　二、 第二十二條修正為「國軍每收復一地區，

> 　　政治力應立即跟進安撫人心，清查戶口，
> 　　激底摧毀匪之黨政組織，對其潛伏份子分
> 　　別懲處或集訓，脅從者概勿進問」。

十一、王常務委員提擬飭各購糧單位統按議價收買以裕
　　　糧源而免窒礙案。

理由：一、目前除瀋陽市外，各地購糧均按議價收買。

　　　二、軍糧現已按議價收購。

　　　三、依照議價購糧，可大量吸引糧食以暢糧源。

　　　四、按議價購糧，可以加速搶購以裕儲備。

辦法：一、由當地縣市政府主持，隨時召集購糧議價
　　　　　委員會公開議價，該會以左列單位為委員：

　　　　　1. 黨團代表；

　　　　　2. 臨參會；

　　　　　3. 縣市田賦糧食管理處或糧政主管科；

　　　　　4. 商會；

　　　　　5. 糧業公會；

　　　　　6. 當地駐軍首長；

　　　　　7. 地方官廳；

　　　　　8. 購糧機關。

　　　二、凡籌購軍糧民食及公私團體大宗購糧均應
　　　　　依照地方政府議價辦理，關於議價會議記
　　　　　錄由地方政府隨時逐報政委會核請。

　　　三、議價標準以能購到糧食並不刺激糧價上漲
　　　　　為原則。

　　　四、右列各項由東北行轅通令實施。

決議：修正通過，附修正部份如左：

一、原辦法第三項修正為「議價標準以參照鹽布煤
價及糧食市價並不刺激物價上漲為原則」。

二、增列「各地糧商應遵照議價購糧，並將購
進數額隨時報請當地主管糧政機關登記」
為第四項。

三、原辦法第四項改為第五項。

十二、王常務委員提各省縣政府及駐軍每有對糧食出
境加以禁止並有強抓糧車情形亟應通令取締以
求糧源暢通而裕儲備案。

理由：最近據報間有產糧地區地方政府及駐軍禁糧出
境情事，按戡亂期間在戰爭狀態之下，臨時控
制食糧容有必要，現在共匪攻勢已形崩潰，如
產糧縣市仍各自為政，限制買賣，禁止糧食出
境，則農民之糧食不能運集消費市場，正當糧
商亦不取大量購儲，恐遭損失，如此則明年不
產糧區人口之食糧恐致發生危機。

辦法：擬請

一、行轅通令各省轉飭各縣市維護糧食運輸自
由，不得禁糧出境。

二、禁止對於糧食運輸之非法檢查與留難。

三、鄉村對城市間之糧食流通應保持絕對自
由，地方黨政軍警機關及人民團體不得藉
口一觸之利益加以阻礙。

四、行轅通令各地駐軍嚴禁抓用糧車。

決議：修正通過，其修正部份如左：

一、原辦法第一項修正為「請行轅通令各地駐軍及各省轉飭所屬，在獎勵糧食內流之原則下，應維護糧食運輸自由，不得禁糧出境」。

二、原辦法第二項修正為「對匪區應嚴禁糧食流出，其餘各地應嚴禁對於糧食之非法檢查與留難」。

三、原辦法第四項修正為「請行轅通令各省政府及各地駐軍嚴禁抓用糧車」。

丙、散會

東北行轅政務委員會
第十二次常務委員會議紀錄

時　間　三十六年十二月八日上午九時

地　點　瀋陽本會三樓主任委員室

出席人　王副主任委員樹翰　　高常務委員惜冰

　　　　王常務委員家楨　　　鄒常務委員作華

　　　　朱常務委員懷冰

列席人　劉主任慕曾　徐處長鼎

　　　　崔處長垂言

主　席　王副主任委員樹翰

紀　錄　楊仲揆

甲、報告事項

（略）

乙、討論事項

一、兼主任委員交議據政務處簽擬緊縮東北各省市政府
　　員額編制方案二份是否可行請討論案。

甲案

甲、關於省政府方面

　　一、已收復各省

　　　　（一）遼寧省政府，該省原有民政、財政、教
　　　　　　　育、建設四廳，秘書、社會、警務、會
　　　　　　　計、統計五處，及地政局等十單位，共
　　　　　　　計員額九八四人，茲擬將其社會處裁

撤，社會業務劃入民政廳，合作業務劃歸建設廳，警務處及地政局裁撤，其業務均併入民政廳，設科辦理，統計處裁撤，仍縮編為秘書處統計室，至各廳處科室亦按業務繁簡，分別予以裁併，現擬保留該省府民政、財政、教育、建設四廳，秘書、會計兩處，共六單位，計裁撤四單位，裁減員額五八四人，見附表一、附表四。

（二）遼北、吉林兩省政府，該兩省府原有民政、財政、教育、建設四廳，秘書、社會、會計、警務四處，共八單位，最近遼北省府已呈奉核准裁撤社會處，尚餘七單位，實有員額為五七八人，吉林省府實有員額迄未呈報，其原定編制為八七○人，現擬將遼北省警務處，及吉林省之警務、社會兩處，均予裁撤，其業務歸併情形與遼寧省府同，縮編後，該兩省政府保留民政、財政、教育、建設四廳，秘書、會計兩處，共六單位，計遼北裁撤一單位，裁減人員一七八人，吉林省裁撤兩單位，裁減人員四七○人，見附表一、附表四。

（三）安東省政府，該省曾經一度接收，撤退到瀋人員甚多，目前尚有四縣部份行使政權，該省府原有民政、財政、教

育、建設四廳，秘書、會計、社會、警務四處，共八單位（其附屬機構如直屬保安科、民眾組訓委員會、省訓團、警察訓練所、水上警察局、無線電台等六單位在外），其附屬機構除於建設廳設一無線電台外，其餘各單位一律裁撤，業務分別併入省府主管機構辦理，省府各廳處內部科室，則盡量予以緊縮，計保留該省政府民、財、教、建四廳，秘書、會計兩處，共六單位，計裁撤二單位，裁減員額二二三人，見附表一、附表四。

二、未收復各省

（一）松江、嫩江兩省政府，原定編制為民、財、教、建四廳，秘書、會計、警務三處，及直屬保安科共計八單位，原松江省府核定員額一九三人，嫩江省府核定員額一七一人（該兩省縣市長、警察局長、保安科及特務中隊員額均在外），現以接收有待，除擬將警務處及保安科二單位裁撤，其業務併入民政廳外，餘仍保持四廳二處建制，各廳處合署辦公，共保留省府員額各一五〇人，計松江省裁撤兩單位，裁減員額四三人，嫩江省裁撤兩單位，裁減人員二一人，見附表一、附表五。

（二）黑龍江、合江、興安三省政府，原定編制為民、財、教、建四廳，秘書、會計、警務三處，共計七單位，黑龍江省原核定員額為一九八人，合江省原核定員額為二〇〇人，興安省原核定員額為一九七人，現以接收時期有待，除擬將各省警務處裁撤，其業務併入民政廳辦理外，餘仍保持四廳二處建制，各廳處合署辦公，共保留各省政府員額各一五〇人，計黑龍江省裁撤一單位，裁減人員四八人，合江省裁撤一單位，裁減人員五〇人，興安省裁撤一單位，裁減人員二九人，見附表一、附表三、附表五。

乙、關於省保安司令部方面

未接收省分及安東省之保安司令部業經裁撤，現尚有已接收之遼寧、遼北、吉林三省保安司令部，為配合剿匪戡亂，鞏固地方治安及統一兵役機構計，擬將其機構改為軍區司令部，其員額編制如附表六。

丙、關於省屬各機關方面

一、省訓團，查東北各省省訓團係依內地省份編制，組織龐大，以吉林而論，團內員役竟達二百五十餘人，惟因東北各省收復縣較少，擬將各省訓練團一律裁撤，以節人力、財力，並擬由行轅集中訓練，以收實效。

二、警察訓練所，查警察官警訓練原由各省單獨
　　設所主辦，非僅浪費公帑，且訓練紛歧，擬
　　將各省警訓所裁撤，以節人力、財力。

三、其他

　　（一）興安省蒙旗復員協進會及編譯委員會
　　　　　係針對現實需要而設立，其機構擬暫
　　　　　予保留，惟人員可在該省編制員額內
　　　　　調用，不另增設專任人員。

　　（二）遼寧省之警犬警察訓練所擬即裁撤，
　　　　　其業務擬交瀋陽市警察局接辦。

　　（三）各未收復省份所發表之前進縣市長及
　　　　　警察局長均一律撤銷。

總之，東北九省政府共裁撤一六單位，裁減人員一六
四六人，所有裁減人員擬一律編入各該省政治工作隊予
以適當訓練，以為實施政治戰之基幹。

乙案

甲、關於省政府機構方面

　　已收復之遼寧、遼北、吉林、安東四省及未收復之
　　松江、嫩江、合江、黑龍江、興安五省擬均保留
　　民政、財政、教育、建設四廳，秘書、會計兩處，
　　共六單位，其原有之警務處及已增設之社會處、地
　　政局、統計處等單位與安東省附屬機構之直屬保安
　　科、民眾組訓委員會、水上警察局等均予裁撤，其
　　業務分予歸併有關廳處辦理。

乙、關於政府員額方面

　　一、已收復各省

　　　　（一）遼寧省政府原為九八四人，茲縮減為五
　　　　　　　○○人，計裁減四八四人。

　　　　（二）遼北省政府原為五七八人，茲縮減為四
　　　　　　　○○人，計裁減一七八人。

　　　　（三）吉林省政府原為八七○人，茲縮減為四
　　　　　　　○○人，計裁減四七○人。

　　　　（四）安東省政府原為六二三人，茲縮減為四
　　　　　　　○○人，計裁減二二三人。

　　二、未收復各省

　　　　（一）松江省政府原為一九三人，茲縮減為一
　　　　　　　○○人，計裁減九三人。

　　　　（二）嫩江省政府原為一七一人，茲縮減為一
　　　　　　　○○人，計裁減七一人。

　　　　（三）黑龍江省政府原為一九八人，茲縮減為
　　　　　　　一○○人，計裁減九八人。

　　　　（四）合江省政府原為二○○人，茲縮減為一
　　　　　　　○○人，計裁減一○○人。

　　　　（五）興安省政府原為一七九人，茲縮減一
　　　　　　　○○人，計裁減七九人。

丙、關於省保安司令部方面

　　其未收復各省均已裁撤，其已收復遼寧、遼北、吉
　　林三省保安司令部為配合剿匪戡亂，鞏固治安，統
　　一兵役機構起見，擬改為軍區司令部，以收指揮統
　　一之效。

丁、關於省屬各機關方面

　　一、省訓團為節省人力、財力起見，擬將已成立之
　　　　遼寧、遼北、吉林三省省訓團裁撤，其應調訓
　　　　人員由行轅集中訓練，以收實效。

　　二、警察訓練所擬一律裁撤，其業務併入民政廳
　　　　辦理。

　　三、興安省政府蒙旗復員協進會及編譯委員會暫予
　　　　保留，惟須調用省政府人員，不另設專人。

　　四、遼寧省警犬警鴿訓練所一律裁撤，其業務擬交
　　　　瀋陽市警察局接辦。

附表一

東北九省政府縮編前後單位員額比較表

				縮編前	縮編後	增加	減少	備考
已收復省	甲種	遼寧省政府	單位	10	6		4	
			員額	984	500		484	
	乙種	遼北省政府	單位	7	6		1	
			員額	578	400		178	
		吉林省政府	單位	8	6		2	
			員額	870	400		470	
		安東省政府	單位	8	6		2	省府附屬單位六個在外
			員額	623	400		223	
未收復省		松江省政府	單位	8	6		2	松嫩兩省直屬保安科特務中隊人數在外
			員額	193	100		93	
		嫩江省政府	單位	8	6		2	
			員額	171	100		71	
		黑龍江省政府	單位	7	6		1	合黑興三省保安分隊人數在外
			員額	198	100		98	
		合江省政府	單位	7	6		1	
			員額	200	100		100	
		興安省政府	單位	7	6		1	
			員額	179	100		79	
合計		九省省政府	單位	70	54		16	
			員額	3,996	2,200		1,796	

決議：照乙案修正通過，惟：

　　（一）安東省政府應暫照員額九成任用；

　　（二）省保安司令部機構問題另提下次會議討論。

二、兼主任委員交議據政務處擬具緊縮各省縣市旗政府
　　員額編制草案是否可行請討論案。

緊縮各省縣市旗政府員額編制草案

一、各縣市旗政府除保留秘書、會計兩室及民政、財
　　政、教育、建設、軍事五科外，其已增設之社

會、地政、衛生各科及戶政室等，除隸屬於市政
府者因實際需要暫予保留外，其餘隸屬於各縣旗
政府者一律裁撤。

二、各縣市旗政府軍法承審員、指導員，經核尚屬需
要，擬予保留。

三、各縣市旗政府秘書室人事股著即裁撤，另置人事
管理員一人，主辦各該縣市旗政府人事異動、任
免、考核、獎懲等事宜。

四、縣市旗政府員額原規定過於龐大，茲分別縮減
如下：

　　（一）一等縣原規定一八一人，茲縮減為八十四
　　　　人，計裁減九十七人。

　　（二）二等縣原規定一五〇人，茲縮減為六十九
　　　　人，計裁減八十一人，

　　（三）三等縣原規定一二〇人，茲縮減為六十一
　　　　人，計裁減五十九人。

五、各縣市旗政府所屬警察局員警之縮減依附表四
所定。

六、各省直轄市政府員額編制擬比照一等縣之所定，
惟長春市因情形特殊，其緊縮員額編制另案簽請
核示，至各旗政府員額編制擬一律比照三等縣之
所定。

七、隨軍前進接收縣份，其員額編制由各該省政府視
實際須要情形專案報請本會核定。

八、縣屬各機構由各該省政府視地方財力及需要情形
分予裁併並報本會備案。

九、所有編餘人員一律由各該縣市旗政府資遣。

決議：照案通過。

三、兼主任委員交議據政務處簽擬整理東北各省警政計
　　劃草案是否可行請討論案。（附整理東北各省警政
　　計劃草案）

整理東北各省警政計劃

一、關於制度

　　查偽滿時期於商埠大邑及偏僻鄉村均設有警察機
　　構，利用警察權威以施行其管制人民政策，對於所
　　謂「思想犯」、「經濟犯」尤為嚴酷，雖在警察成
　　績方面頗為收效，而民怨沸騰，迄今未已，自勝利
　　後東北各省迄未脫離軍事狀態，鄉村警察既不足配
　　合國軍發生效率，徒以擾害人民加深怨毒而虛糜大
　　宗經費，尤影響警政之全部。

辦法：（一）似應仿照關內各省例，在實行警員制以
　　　　　　　前，除城區及商業較繁之鄉鎮（設派出
　　　　　　　所）外，其餘鄉村警察均予撤銷，改編為
　　　　　　　保安警察，俾力量集中縣局，即以縮減名
　　　　　　　額所節經費為調整警察人員待遇之用，至
　　　　　　　鄉村地方治安暫由民眾自衛隊及國民兵等
　　　　　　　負責維持，俟各省完全收復，戡亂工作完
　　　　　　　成，再逐步推廣鄉村警察。

　　　　（二）每省指定秩序安定之縣份（一個或兩個）
　　　　　　　為警察示範縣，試行警管區制，其經費如
　　　　　　　不足，由省政府補助之。

　　　　（三）國境警察俟沿邊各省市收復後，以各水上
　　　　　　　警察合併辦理。

二、關於人事

　　　東北各省現任之警察官曾受中央警察訓練者計
　　　二千二百餘人，其未經訓練者為數尚鉅，故大部警
　　　長以上人員仍為偽滿時服務者，雖稍具警察技能，
　　　而曾受日滿警察教育之薰陶，仍不脫奴視人民及貪
　　　污苛瑣之惡習，故人民對警察深惡痛恨之觀念迄今
　　　未能轉移。

辦法：各省警察官長未經訓練者應切實更換，儘量任用
　　　　中央及本轅分發人員，並由本會派員督同各主管
　　　　機關辦理，以提高警官素質，轉移人民視聽。

三、關於經費

　　　東北各省因奸匪竄擾稅收不暢，而地方收入款項又
　　　不能不顧及其他事業經費，故警款困窘異常，目下
　　　官警待遇過低，實為刷新警政之最大障礙。

辦法：擬以撤銷鄉村警察之款充實警察經費，縮減名
　　　　額提高待遇，以維持目前警察現狀，務期各縣
　　　　市均能自給自足。

四、關於武器

　　　查東北各省警察武器原來尚有一部，惟數字無多，
　　　尤缺彈藥。

辦法：以原有之武器為基礎，視各縣警察缺乏械彈情
　　　　形，由省政府在國防部撥發槍械內酌予補配。

五、關於服裝

　　　警察服裝為觀瞻所繫。東北各省因經費困難，身著

便衣者所在多有，不但執行職務深感不便，尤易發生弊端，影響人民信仰，減輕本身效率。

辦法：嚴令各省節省他項警費製備警察服裝，務令有一警察必有一警察之服裝，否則寧缺警額，以免褻瀆國家警政。

六、關於紀律

查嚴肅警察紀律為整理警察之首要，東北警察在人民心目中印像至為不良，若不切實整頓，將以保護人民之警察形成人民怨恨之鵠的，於建警前途至為可慮。

辦法：就目下情形言，首須切禁「便衣」、「寄食」、「外宿」、「勒索」、「酷刑」、「濫押」等項，應通令各省市遇有以上情節即立予嚴懲，以舒民怨，俟全盤經費有著，人事調整後，再按警察法規切實整飭警紀。

決議：修正通過，附修正部份如左：

一、關於制度部份，辦法（一）「即以縮減名額所節經費」改為「即以縣預算內所列鄉鎮警察經費」。

二、同部份辦法（二）每省改為「遼寧省」。

三、同部份辦法（三）改為「水上警察除遼寧省營口市外均予裁撤，國境警察及森林警察俟所在地區收復後再辦」。

四、關於經費部份辦法「擬以撤銷鄉村警察之款」改為「擬以縣預算內鄉村警察之款」。

四、兼主任委員交議據財務處簽呈未收復地方貧苦學生
　　救濟案如何辦理請討論案。

　　據財務處簽稱「准文化處函以前教育處為遼寧省及
　　瀋陽市政府呈請撥款救濟匪區逃難學生一案，曾經
　　簽請主任委員提交本會第二次常務委員會決議『未
　　收復地方貧苦學生經確實調查後准予救濟』等因，
　　囑將核辦情形見復等由到處，查救濟貧苦學生為當
　　前之急務，本處自亦表贊同，惟本處並無此項專款
　　可資挹注，再查省市財政為一單位，所有教育經費
　　依照規定應以自給自足為原則，至未接收省市因其
　　本身毫無財源，全賴中央補助為願，念事實上之困
　　難，曾經本轄權准設立松北聯中六個分校、安東兩
　　個臨時中學，又蒙旗中學，均予全部墊發經費及公
　　費在案，按公費學生應有限額，均應於學年開始核
　　定，不宜在學年中途零星增加，本會均未按照規定
　　辦理，實多礙難之處，但松北聯中公費曾經本會呈
　　報政院核復，應以本年度為限，並飭報公費名額，
　　至明年各校經費尚有待繼續請求之必要，其已收復
　　省市似應飭其自行設法依照規定就總預算內統籌支
　　應，以資範圍，如實不敷，當另於總預算內統籌補
　　助，未便專案撥發，又關於各項救濟專款，向係由
　　各主管處主辦報請政院核給，就教育救濟費一項，
　　政院曾經撥有專款（前教育處辦），但如何分配，
　　本處均未准主管處會知，其次由匪區逃亡青年收容
　　事宜及教育應變事項，教育部曾經來電『正由部擬
　　具辦法呈院核示中』，主管處似可依據教部電示擬

具東北匪區逃亡青年救濟計劃呈政院核撥專款以資
因應，本遼寧、瀋陽兩案擬遵從第二次委員會決
議『未收復地區貧苦學生經確實調查後准予救濟』
之原則，其未收復省市已予設校核定公費收容
外，其已收復省市仍應責成各省市設法救濟，並
就省市總預算內統籌辦理」等情，究應如何辦理，
敬請公決。

決議：成立招致機構迅速招致，詳細辦法由文化處擬
    定提會。

丙、散會

東北行轅政務委員會
第十三次常務委員會議紀錄

時　間　三十六年十二月十日上午九時

地　點　瀋陽本會三樓主任委員室

出席人　王副主任委員樹翰　　高常務委員惜冰
　　　　王常務委員家楨　　　鄒常務委員作華
　　　　朱常務委員懷冰

列席人　劉主任慕曾

主　席　王副主任委員樹翰

紀　錄　楊仲揆

甲、報告事項

乙、討論事項

一、兼主任委員交議據財務處擬將接辦經委會關於糧政
　　接收及偽滿農產公社清理事務移交東北敵偽事業資
　　產統一接收委員會統辦是否可行請討論案。

　　據財處簽呈稱：「查東北敵偽事業資產之接收及處
　　理由統委會統籌辦理，關於糧政接收原屬統委會
　　十七接收組之一，最初由糧食部東北糧政特派員辦
　　公處擔任，秉承統委會命令負責辦理，其下有各區
　　糧食管理局擔任統委分會糧政組執行接收工作，至
　　偽滿農產公社之清理係由糧特處主辦設立清理處專
　　司其事，迨上年十一月一日糧特處結束，改由經委
　　會主管其事務，則由各區糧管局及各省清理處分別

遞移各省田賦糧食管理處經辦，由經委會核轉統委
會，原為避免更張一時從權之道，於程序上、業務
上諸多可議，此次經委會結束，該項事務移由本會
接辦，查本會之設在代行政院行使指導職權，上項
接收及清理事務殊未便復由本會核轉統委會，為求
系統簡化促進工作效率起見，似應改由統委會直接
指揮辦理，爰擬將該項事務移交統委會統辦」等
語，是否可行，敬請公決。

決議：俟敵偽產業處理局成立時再議。

二、兼主任委員交議據總務處簽擬本會租用交通車乘坐
　　辦法草案二份如何辦理請討論案。

　　據總務處簽呈稱「查本會職員集體住址計有和平新
　　村、中山路及民權街八馬路三處，距會均甚窵遠，
　　值此冰天雪地，上下班行履維艱，無力僱車代步，
　　且冬令季節朝出晚歸，披星戴月，路遠者深感時間
　　倉卒，職處鑒及此項困難，亟有由會解決交通工具
　　之必要，當與瀋陽市政府公共汽車管理處聯絡增闢
　　來會路線接送職員，但以該處車輛不足未能實現，
　　復經向三省公路聯運處洽商承代租用東北長途汽車
　　公司客車一部，每日往返五次（每次可容納三十五
　　人至四十人），日須付給汽油十五加侖，運費四萬
　　元，月共需汽油四百五十加侖，運費一百二十萬元
　　（因係商車，有關車輛折損及盈利，故油與運費均
　　覺實需為多），此項汽油及運費擬定兩種辦法，列
　　請鈞裁：

（一）完全由公支給；

（二）由公發給汽油，所需運費按照每車容納人數平均規定票價，由職處主管科定期售票，未售足之票價由公貼補。

以上兩項究應如何之處，理合檢同本會租用交通車乘坐辦法（兩種）、行車路線圖行駛時間表及合同草案各一份，簽請鑒核採擇」等情，如何辦理，敬請公決。

本會租用交通車乘坐辦法（汽油及租費完全由公支付者）

一、為解決本會在外居住同仁上下班交通上之困難起見，特租用交通車一輛。

一、凡本會職員均有乘坐交通車之資格，但以車少人多，得予在外居住同仁優先權。

一、根據本會同仁集體住址，規定中山路、和平新村及民權街八馬路三處為交通站，居住他處之同仁得就各該附近站上下之。

一、租用交通車所需汽車運費統由本會發給之，乘車者不再給費。

一、凡欲乘車者須先向總務處登記經審核後（因容量關係先就在外居住者）發給乘車證（乘車證之式樣附後）。

一、本交通車如因故不能行駛，所有全部乘客車資由該車行補償之。

一、本辦法如有未盡事宜得隨時呈請修正之。

一、本辦法自簽准之日施行。

東北行轅政務委員會職員乘車證		第　　　號	
姓名	職稱		
服務單位	居住地址		
發證日期		年　　月　　日	
附註 1. 本證有效期間為一個月 2. 本證不得借用轉讓 3. 本證遺失須向主管科聲明作廢			

本會租用交通車乘坐辦法（汽油由會發給，運費由乘車人員負擔者）

一、為解決本會在外居住同仁上下班交通上之困難起見，特租用交通車一輛。

一、凡本會職員均有乘坐交通車之資格，但以車少人多，得予在外居住同仁優先權。

一、根據本會同仁集體住址，規定中山路、和平新村及民權街八馬路三處為交通站，居住地處之同仁得就各該附近站上下之。

一、租用交通車所需汽油由會發給之。

一、租用交通車所需運費每日四萬元，由乘車人平均負擔，由總務處主管科按照運費數目及每次行車容納人數分別遠近規定票價，每十日售票一次，未售出之票價及不足之尾數由會補貼。

一、乘車票價暫定為由中山路上下車者每次收費一百元，由和平新村及民權街八馬路上下車者每次收費二百元，乘車票式樣如下：

東北行轅政務委員會職員乘車票	No
起 訖 點	本會－中山路－和平新村－南八馬路 南八馬路－和平新村－中山路－本會
票 價	流通券　100 元　200 元
發票日期 附 註	年　　月　　日 1. 本票於發行日期十日內有效 2. 本票每張祇能使用一次

一、乘車人憑票乘車，每張以一次為有效期間，於上
　　車時由總務處主管科派一士兵檢收之。

一、交通車行駛時間及起訖路線分別規定（另表說
　　明），準時行駛，自誤乘車其票價損失自負之。

一、本交通車如因故不能行駛，所有票價由該車行補
　　償之。

一、本辦法如有未盡事宜得隨時呈請修正之。

一、本辦法自簽准之日施行。

決議：照第一案辦理。

三、兼主任委員交議准教育部電撥三十六年度東北各省
　　市國民學校購置教學圖書補助費國幣貳億元囑為分
　　配案應如何辦理請討論案。

　　　案准教育部代電撥發卅六年度東北各省市國民學校
　　購置教學圖書補助費國幣貳億元（款已匯到），
　　囑即轉為分配並飭擬具用途預算送部核奪等由，經
　　交文化處簽以該項補助費擬分按已收復區各省市國
　　民學校校數、級數及學生數分配，為遼寧省八仟萬
　　元、吉林省四仟萬元、遼北省四仟萬元、瀋陽市四
　　仟萬元等情，查吉林省尚有長春市，配額是否過
　　少，是否酌予調整，敬請公決。

決議：照原擬分配數，遼寧省減二千萬元，遼北減一千
　　　萬元，長春分配三千萬元。

四、兼主任委員交議茲擬具東北生產管理局理事會修正
　　規程草案是否可行請討論案。

東北生產管理局理事會修正規程

第一條　東北行轅政務委員會為監督東北生產管理局，
　　　　特設理事會。

第二條　本會設理事十七人至十九人，除其中十二人
　　　　由東北各省市政府各推一人為當然理事外，
　　　　餘由政委會指派。
　　　　理事互選五人為常務理事。
　　　　常務理事互選一人為理事長。
　　　　理事任期二年，連選得連任。

第三條　理事會職權如左：
　　　　一、業務計劃及投資方針之審定。
　　　　二、各項章則及重要契約之審定。
　　　　三、預算決算之審定。
　　　　四、設立或裁併所屬機構之審定。
　　　　五、任免各所屬單位主管人員之審定。

第四條　理事會會議分常務理事會議及理事會議兩
　　　　種，常務理事會議每月舉行一次，理事會議
　　　　每三月舉行一次，理事長遇有必要時得召集
　　　　臨時常務理事會議或理事會議。

第五條　理事會議或常務理事會議開會時以理事長為
　　　　主席，理事長不能出席時以常務理事一人代

理主席。

第六條　本局局長得列席會議。

第七條　理事會得設秘書一至三人。

第八條　本規程經東北行轅政務委員會核定施行。

理事名單分配

甲、由政委會指派五人

　　　一、政委會代表一人（政策指導）

　　　二、資委會代表一人（工業聯繫）

　　　三、物調會代表一人（分配聯繫）

　　　四、東北中央銀行代表一人（金融聯繫）

　　　五、東北運輸總局代表一人（運輸聯繫）

乙、由各省市政府推定十二人（代表各地方政府意見）

決議：照案通過，並增列「理事任期二年連選得連任」

　　　為第二條第四款。

丙、散會

東北行轅政務委員會
第十四次常務委員會議紀錄

時　　間　三十六年十二月十一日上午九時
地　　點　瀋陽本會三樓主任委員室
出席人　　王副主任委員樹翰　　高常務委員惜冰
　　　　　王常務委員家楨　　　鄒常務委員作華
　　　　　朱常務委員懷冰
列席人　　劉主任慕曾
主　　席　王副主任委員樹翰
紀　　錄　楊仲揆

甲、報告事項

（略）

乙、討論事項

一、兼主任委員交議據政務處簽呈遼寧省臨時參議會補
　　選議長法令解釋案如何辦理請討論案。
決議：詳敘經過電行政院請示。

二、兼主任委員交整理法令原則四項如何辦理請討論案
決議：交法制室通知各處室。

丙、散會

東北行轅政務委員會
第十五次常務委員會議紀錄

時　　間　三十六年十二月十三日上午九時

地　　點　瀋陽本會三樓主任委員室

出席人　　王副主任委員樹翰　　高常務委員惜冰

　　　　　王常務委員家楨　　　鄒常務委員作華

　　　　　朱常務委員懷冰

列席人　　劉主任慕曾

主　　席　王副主任委員樹翰

紀　　錄　楊仲揆

甲、報告事項

（略）

乙、討論事項

一、兼主任委員交議據農田水利處簽呈為清理前東北農
　　村合作事務局及其分支機構所經辦三十五、三十六
　　年度農貸擬定處理辦法草案是否可行請討論案。

　　　據農田水利處簽呈稱奉交中農行及合作金庫函電，
　　均以東北農村合作事務局既經裁撤，前由該局經辦
　　三十五、三十六年度各項農貸債務之繼承，亟應早
　　日確定，以便轉洽收回歸墊等由，特擬定處理辦法
　　四項以便轉飭遵辦。

　　　一、前經東北農村合作事務局及其分支機構發放之
　　　　　三十五、三十六年度各種農貸統由各該經管省

縣（市）（旗）政府負責清理繼續承辦。

二、為便利三十五、三十六年度農貸之清償及三十
七年度農貸之貸放起見，各縣（市）（旗）政
府應即依據本行轅前頒東北農村合作事務局結
束辦法積極籌設縣合作社聯合社。

三、為便利農貸之收回，各省縣（市）（旗）應儘
量留用前農村合作事務局經辦農貸人員。

四、各省市政府及經辦農貸行庫應將貸款收回及償
還情形按月填表報會核備，其表式另定之。

以上四項是否可行，敬請公決。

決議：修正通過原辦法第三項改為「為便利農貸之收
回，縣（市）（旗）合作社聯合社，應遴用前
農村合作事務局經辦農貸人員」。

二、兼主任委員交議據農田水利處擬具合作事業管理室
組織簡則草案是否可行請討論案。

查重建東北農村合作事業配合經濟作戰計劃案，經
第十一次常會決議「將農田水利處合作科改為合作
室，並延攬專門人才負責主持」等語紀錄在卷，茲
據農田水利處擬具合作事業管理室組織簡則草案前
來，是否可行，敬請公決。

**國民政府主席東北行轅政務委員會農田水利處合作事業
管理室組織簡則草案**

第一條　國民政府主席東北行轅政務委員會為管理推
進東北合作事業，特於農田水利處內設置合
作事業管理室。

第二條　合作事業管理室之職掌如左：

　　　　一、關於東北合作事業之計劃推進事項；

　　　　二、關於東北合作組織之登記考核事項；

　　　　三、關於東北合作事業之調查統計事項；

　　　　四、關於東北合作金融之籌劃及指導監督
　　　　　　事項；

　　　　五、關於東北各省市合作行政設施之指導監
　　　　　　督事項；

　　　　六、關於東北合作教育之獎進事項；

　　　　七、關於東北各級合作人員之指導考核事項；

　　　　八、關於合作機關團體之聯繫事項；

　　　　九、其他有關合作事項；

第三條　合作事業管理室設主任一人，簡派，綜理
　　　　室務。

第四條　合作事業管理室設組長二人，均薦派，分別主
　　　　管合作社組織及業務之計劃督導考核事宜。

第五條　合作事業管理室設視察四人、專員四人、編
　　　　審二人，均薦派，科員四人、辦事員三人，
　　　　均委派，分別辦理各項事務。

第六條　本簡則經常務委員會通過呈奉核定後施行。

決議：將原合作科改為合作事業管理室，除原列職員四
　　　人外，增加八人，由該處另擬編制呈核。

三、兼主任委員交議據文化處簽擬東北失學失業青年訓
　　練計劃大綱草案是否可行請討論案。

東北失學失業青年訓練計劃大綱草案

一、本訓練計劃大綱依據本行轅「東北九省失業失學知
　　識青年收容辦法」訂定之。

二、目的：在變救濟為教育，寓鬥爭於訓練，大量收訓
　　流亡學生，並進而招致匪區青年，在消極方面枯竭
　　奸匪之幹部來源，在積極方面造成戡亂建國之新生
　　力量，以提高政治作戰效能，完成後期革命任務。

三、對象：暫先收容年在十五歲以上二十五歲以下，曾
　　受中等教育之流亡學生，待工作開展後，再設法招
　　致匪區青年來歸。

四、地點：劃遼寧、安東、遼北三省及大連市為一招訓
　　區，於瀋陽辦理該區招訓事宜，劃吉林、松江、合
　　江、黑龍江、嫩江、興安六省及哈爾濱市為一招訓
　　區，於長春辦理該區招訓事宜。

五、機構：於瀋陽設青年訓導第一大隊，在長春設青年
　　訓導第二大隊，均直屬本行轅政務委員會，各大隊
　　得在接近前線地帶設立青年招待所，並派遣工作隊
　　深入匪區進行招致工作。

六、幹部：主持人員由兼主任委員選派之政治幹部於未
　　收復各省市黨部、團部、政府中調用之，軍事幹部
　　於行轅及部隊中調用之。

七、經費：由各該大隊按照需要編具預算報請本行轅政
　　務委員會核撥。

八、期間：每期暫定為三個月，遇必要時得延長之。

九、內容：

　　（甲）精神訓練－在澈底消滅受訓學生個人主

義、享樂主義之傾向，使之瞭解生活，即是戰鬥人生首重服務之意義，進而養成其不妥協、不畏難之革命意志與有擔當、有魄力之創業精神。

（乙）思想訓練－在澈底改造受訓學生紛歧錯雜之思想，使之瞭解我國之革命歷史、社會現狀、國際環境以及實行三民主義之必然性，期能由內而外發揮為主義生、為主義死之戰鬥力量。

（丙）生活訓練－在澈底改造受訓學生浪漫頹唐之生活，使之養成迅速確實、整齊嚴肅、有規律、有條理、有秘密性、有警覺性之習慣，期能由外而內造成同一目標、同一步伐之戰鬥整體。

（丁）工作訓練－在澈底消滅受訓學生主觀主義、形式主義之傾向，使之認識國策，接觸現實，明瞭無調查、無檢討便不能解決問題，使之深入群眾開展工作，明瞭脫離群眾需要，忽視工作技術便不能達成任務。

十、方法：

（甲）啟發－各種課程先由講師敘述梗概，以啟發受訓學生之思想路線。

（乙）研究－課程講述之後由講師摘其要點，指定題目，指導受訓學生蒐集資料，個別研究提出結論。

（丙）討論－受訓學生將個別研究之結論提付小

組討論，製成總結論或實施方案。

（丁）實習－可以實習之科目依照小組擬定之方
案擇地實習，並就實習之結果將原擬方案
加以檢查改正。

十一、科目：

（甲）政治科目－佔訓練時間百分之五十

　　　1. 精神訓練

　　　2. 三民主義

　　　3. 中國之命運

　　　4. 中國革命史

　　　5. 中國政治問題

　　　6. 現代政治思潮

　　　7. 國際現勢

　　　8. 匪情研究

　　　9. 民眾組訓

　　　10. 宣傳技術

（乙）軍事科目－佔訓練時間百分之二十

　　　1. 基本教練

　　　2. 國防講話

　　　3. 兵器講話

　　　4. 地形講話

　　　5. 築城講話

　　　6. 戰術講話

　　　7. 游擊戰術

　　　8. 諜報勤務

（丙）普通科目－佔訓練時間百分之三十

    1. 國文

    2. 本國史

    3. 本國地理

十二、分發：訓練期滿後為適應動員戡亂之需要，得就受訓學生中選拔優異設立特種班隊實施訓練，其餘學生按平時考查結果統籌升學就業，其年齡及學力宜於升學者以公費送入指定之學校讀書，其年齡或學力不宜於升學者，有特殊技能則分發有關部門工作，無特殊技能則編入軍隊服役，或會同軍政等需才機關舉辦各種業務訓練，結業後由其分發使用。

十三、督導：各該大隊設畢業生通訊處管理畢業學生，使其於讀書工作之外更參加有關動員戡亂各項活動，隨時督導考核予以獎懲。

十四、本訓練計劃大綱自呈奉核定後實施之。

四、兼主任委員交議據文化處簽擬緊急收容流亡學生暫行辦法草案是否可行請討論案。

緊急收容流亡學生暫行辦法草案

一、本會於搶救匪區青年工作改進期間，為緊急收容流亡學生，特訂定本辦法。

二、本會搶救匪區青年工作自三十七年度起改由東北青年訓練大隊辦理招訓事宜，以便統籌升學就業，現有之松北聯立中學、安東臨時中學等校專事收容訓練大隊分發之學生，以後不得自行招生，目前緊急

收容流亡學生亦須參照此原則酌情辦理。

三、東北青年訓練大隊核准設立後，立即發表主持人員責成其儘先辦理收容流亡學生工作。

四、於瀋陽、長春兩地同時設站收容，吉林、四平暫由訓練大隊委託吉林、遼北兩省教育廳代辦。

五、收容之學生以年在十五歲以上二十五歲以下，曾受中等教育由匪區來歸者為限。

六、收容學生採取公費制度。

七、緊急收容費用由訓練大隊暫先估計數目簽請本會核發。

八、房舍煤米即令瀋陽、長春兩市政府及有關機關籌措及時撥借。

九、收容工作最遲須於三十七年元月一日開始，工作開始前各省市政府及有關機關仍得繼續收容，所需衣食燃料等費暫由收容單位設法墊付，於訓練大隊接收後核實發還。

十、收容工作一經開始，松北聯立中學及安東臨時中學即停止招收新生，而各省市政府仍須協助訓練大隊辦理收容事宜。

十一、本辦法於東北青年訓練大隊籌備就緒編隊訓練後廢止之。

十二、本辦法自呈奉核准後施行。

十、兼主任委員交議據文化處擬具東北青年訓導隊組織
　　大綱草案是否可行請討論案。

東北青年訓導隊組織大綱草案

第一條　為收訓流亡學生，搶救匪區青年起見，特設
　　　　置東北青年訓導隊。

第二條　東北青年訓導隊隸屬東北行轅政務委員會。

第三條　東北青年訓導隊視招收人數多寡編為大隊
　　　　或總隊，大隊以下設中隊區隊，每三十人
　　　　為一區隊，每三區隊為一中隊，兩中隊以
　　　　上成立大隊，每大隊以五中隊為限，逾額
　　　　則擴編為總隊。

第四條　總隊設總隊長一人，大隊設大隊長一人，中
　　　　隊設中隊長一人，區隊設區隊長一人，總隊
　　　　長及獨立大隊綜理全隊事務，餘均在其上級
　　　　指揮之下，分別處理各大隊中隊區隊事務。
　　　　總隊長及獨立大隊長由東北行轅政務委員會
　　　　派任之。

第五條　總隊設總教官一人，獨立大隊設主任教官一
　　　　人，襄助總隊長、大隊長辦理教務訓導工作。
　　　　總教官及主任教官由東北行轅政務委員會
　　　　派任之。

第六條　總隊內之大隊設大隊指導員一人，在總教官
　　　　指揮之下辦理大隊訓導工作，中隊設中隊指
　　　　導員一人，在主任教官或大隊指揮之下辦理
　　　　中隊訓導工作。

第七條　總隊及獨立大隊設政治軍事教官各若干人，

聘請黨政軍機關高級人員擔任之。

第八條　總隊部及獨立大隊部設以下各組：

甲　總務組－掌理文書經理工作；

乙　教務組－掌理課務編纂工作；

丙　訓導組－掌理訓育考核工作；

丁　會計室－掌理簿記稽核工作；

戊　醫務室－掌理衛生治療工作。

各組設組長一人，組員、辦事員若干人。

各室設主任一人，會計員、助理員、醫官、司藥若干人，辦理各項業務。

第九條　總隊及獨立大隊均得附設青年招待站及招致工作隊，其組織另定之。

第十條　本組織大綱自呈奉核定後施行。

十一、兼主任委員交議據財務處簽呈嗣後收容流亡青年應請主管處擬具計劃逕報教部轉請政院核撥專款以免事後報銷困難等情如何辦理請討論案。

據財務處簽呈稱「關於省立學校公費學生主副食費，前奉政院規定主食月給食米二市斗三升，由省府在省級田糧收入項下發給食物，綏靖區豁免田賦省份照副食費標準發給代金，列入省預算內，本會當以已接收之省份其省立學校應遵照規定辦理外，惟松江以北各省市及安東省或未接收或已接收回復失陷，本身毫無財源，更無田糧收入，所設之松北聯中及安東臨中均為收容匪區來歸青年學生，既隻身逃出，

經費來源斷絕，全賴公費以維生活，如依副食費標準發給代金，僅敷五日之糧，實難維持生活，曾請每人改給高粱米四十五市斤，按市價折發代金（原報每斤三百元（瀋陽市價）），茲奉政院本年十一月六日魚卅六會四代電復『准予備查，但以本年度為限，至該兩校公費生名額仰即查報』等因，復查公費生分配標準，除師範生全部公費外，其餘學生係按學生總額，百分之三十公費、百分之三十半公費，該松北聯中及安東臨中名為公費，事實係收容匪區逃亡青年，故未照公費生之規定標準分配，全部由本會權予墊發經費在案，再查匪區逃出青年曾准教部酉齊電知『關於綏靖區各省由匪區逃亡青年收容事宜及教育應變事項，正由部擬具辦法呈院核辦中』，本會今後對於匪區逃出青年之收容似應依據教部電示擬具整個方案請撥專款辦理，庶流亡青年得以救濟而經費亦有所著落，更免本會事後報銷困難，除已核定松北聯中及安東臨中公費學生名額另案呈復政院並請繼續照案維持外，謹此報請鑒核」等情，如何辦理，敬請公決。

決議：以上四案合併討論，原擬青年訓導隊改為青年招訓隊，隸屬本會政治訓練委員會，其詳細辦法由文化處另擬呈核。

五、兼主任委員交議據財務處簽呈裁併各機關編餘人員

如何安置如何支薪請討論案。

據財務處簽稱奉交統一接收委員會簽呈為農委會裁撤後所有職員之支薪問題擬具二項辦法：

一、前奉核示該會經費准發至十月底止，由該會於奉文日起除酌留必要之辦理結束人員外，其餘一律發給十月份薪津遣散，至留用辦理結束人員則俟十月底本會結束歸入通案辦理等因，茲查該會遣散各員僅卅七名，雖已發給十月份薪津告知遣散，但各員仍迭來請求安置，擬按其他裁併機關編餘人員安置辦法造冊聽候處理，並准加發十一月份薪津。

二、該會留辦結束人員共九人，內四人自十一月份起遣散，發給十月份薪津外再發一個月薪津，聽候安置，其餘五人併入本會秘書處辦公，其薪津由秘書處追加預算支給，俟將來一體結束簽請核示等情。

查關於裁併各機關編餘人員之安置，本會已擬成立政工隊集中訓練，惟：

一、該項編入政工隊人員是否包括前政經兩會及所屬各機關所有編餘人員在內；

二、如包括在內，在政工隊成立以前機關結束以後，其人員薪津應如何支給；

三、如不包括在內，其遣散資是否可按中央成例照在職最後月份服務滿一年者發給三個月，滿半年者發給二個月，不滿半年者發給一個月薪給。

以上各項究應如何辦理，敬請公決。

決議：

第一項由政務處列表呈核，惟農委會人員仍照前令辦理。

第二項編入政工隊預算。

第三項以中央規定為最高額，由各機關視財力斟酌辦理。

六、兼主任委員交議據政務處擬具東北各省市縣旗難民救濟實施辦法草案是否可行請討論案。

　　據政務處簽呈稱「查東北各地因奸匪竄擾，難民日增，值此嚴冬之際，救濟工作刻不容緩，本處爰於十二月三日召集各省市主管救濟人員開會，對過去救濟工作之得失及今後救濟工作如何加強詳加檢討，當決定集中款物由難民所在地之縣市政府統一辦理（不另增設救濟機構），以專責成並著重積極性之救濟，由本會制定東北各省市縣旗難民救濟實施辦法以收實效，謹擬具上項實施辦法草案一份簽請鑒核」等情，是否可行，敬請公決。

東北各省市縣旗難民救濟實施辦法（草案）

一、東北行轅政務委員會為加強東北各地難民救濟工作起見，特制定本辦法。

二、東北各地難民救濟事宜悉依本辦法辦理。

三、東北各地難民之救濟應由當地省市縣旗政府負責主辦，有關機關及社會團體協助，不得另設機構，其經主管官署立案之救濟機構辦理難民救濟事宜，應受當地省市縣政府之指導監督。

四、東北各地應受救濟之難民以具備左列情事之一而無力生活者為限：

（一）受戰事或災害事變而流亡者；

（二）房屋財產全部損毀無地存身者；

（三）依其他法令應受救濟者。

五、受救濟人有左列情形之一者應停止救濟：

（一）受救濟原因消失者；

（二）不遵主管官署或救濟負責人所為之合法處
置，其情節重大者；

（三）以詐欺或其他不正當方法獲取救濟者。
前項第三款情事經查明屬實者，應由主管
官署責令受救濟人或其保證人償還其所受
救濟之一切費用。

六、各省市政府應在與匪區鄰接各市縣旗之適當地區設
置難民檢查站，隨時檢查疏遣於鄰近之難民收容地
區，並嚴禁難民進入非收容地區。

七、主管難民救濟之地方政府應在轄區內適當地點設
立難民收容所集中收容，並即按照左列類別清理
劃分：

（一）壯丁；

（二）學生；

（三）老弱殘廢；

（四）婦女；

（五）兒童；

（六）失業軍政工作人員。

八、收容難民之編訓安置應視其能力依左列原則辦理之：

（一）老弱及婦女以從事習藝勞作及其他適當之
生產工作為原則；

　　　（二）失業軍政工作人員以輔導其復業或參加地
　　　　　　方戡亂動員工作為原則；

　　　（三）學生及適齡入學兒童以輔導其入學就業或
　　　　　　參加當地社會服務為原則；

　　　（四）壯丁以指導其志願從軍或參加有利戡亂之
　　　　　　各種勞役為原則。

九、各地救濟難民所需之款物以左列方式籌集之：

　　　（一）以地方原有之救濟基金撥充；

　　　（二）呈請政府撥給；

　　　（三）依法向地方人士及社會團體勸募；

　　　（四）請東北旅外人士及其他救濟機構代募。

十、前條第二款救濟款物由東北行轅政務委員會按各地
　　實際情形轉請中央撥發。

十一、私人或其他救濟機構自動勸募之救濟款物應如數
　　　撥發地方政府主管之救濟機構統籌分配發放。

十二、東北省市縣旗各級救濟機構應於每月終了將所經
　　　辦收容難民之人數款物之收支及編訓安置實施情
　　　形呈報東北行轅政務委員會備查。

十三、東北各地辦理或協助難民救濟人員，其成績優良
　　　者由主管機關呈請優予獎勵，其有違法瀆職情
　　　事者應依法究辦。

十四、本辦法自公佈日施行。

決議：修正通過增列「關於收容難民之政治工作及訓練
　　　辦法，另由東北行轅政務委員會政治訓練委員
　　　會制定之」為第八條第二款。

七、兼主任委員交議據遼寧松江合江黑龍江興安等五省
　　主席及瀋陽市市長等簽請安置隴新還鄉義軍案應如
　　何辦理請討論案。

　　據遼寧、松江、合江、黑龍江、興安等五省主席及
　　瀋陽市市長等簽呈稱「查新疆還鄉義軍前後抵瀋者
　　計四仟餘人，原由義軍招待委員會負責招待，但於
　　十月一日止該會業經結束，爾後安插各省市政府自
　　屬義不容辭，頃於十月三十日各省市主席市長召開
　　義軍善後會議決議，除老弱殘廢孤寡婦女以及其他
　　有工作能力者均經另有安置辦法外，其中行政、警
　　政及軍官佐依目前各省情形無法予以收容，擬請鈞
　　行轅分別派用或送入政治工作大隊受訓，茲經詳細
　　調查造具清冊，共計有五百九十三人，均有相當資
　　歷，年力相當，而且流亡十餘載，對於國家民族觀
　　念極為堅強，如委相當任務，當能有所供獻，擬請
　　體念該員等無家可歸存心報國之苦衷，准予一體編
　　訓或委派」等情，究應如何辦理，敬請公決。

　　附抄原紀錄一份

決議：行政人員及警官編入政治工作隊，軍官佐請行
　　　轅編入軍官隊。

新疆還鄉義勇軍善後會會議紀錄

日　　期　三十六年十月三十日

時　　間　正午十二時

地　　點　合江省政府

出席人　徐　箴　吳瀚濤　吳煥章　韓俊傑

　　　　金　鎮　師連舫　孫慶麟　李建唐

主　　席　徐　箴

紀　　錄

報告事項

（略）

一、提議事項

1. 老弱殘疾者二百餘人請地方慈善機關收養。

決議：請金市長儘市政之救濟機關設法收容，並招集
　　　市內各救濟機關分別安置。

2. 能勞作人員三百餘人，請介紹至省市營工廠或外縣
　　工作。

決議：請徐主席、彭主席、金市長分別設法安置，並
　　　推合江吳主席向楚司令官介紹。

3. 能充小學教員者二十六人、技術人員一六九人、會
　　計一四人，請市府分別派用。

決議：

　　　（一）小學教員開具簡歷清冊送請金市長派用。

　　　（二）技術人員分別性能另造分類清冊，請徐主
　　　　　　席、彭主席、合江吳主席、王局長樹人分
　　　　　　別選用或介紹。

　　　（三）會計人員請徐主席考選派用。

4. 行政人員及正式軍官佐請保送政治工作大隊內受訓。

5. 警察人員請分配外縣安置。

決議：兩項共計四百餘人，由各省會請行轅設法派用
　　　或訓練，由黑龍江省主稿。

6. 請在鐵西及北陵各召待所內設立粥鍋以資救濟窮
　　困者。

決議：請金市長向有關人員接洽准列領粥人數以內。

7. 請按省籍與難民同樣享受分配救濟物資。

決議：各省市照辦。

8. 請物調會按赤貧市民分配給購糧證及購煤證。

決議：請金市長知會各級主管單位准蓋赤貧字樣並同
　　　時發給購糧證。

9. 孤寡婦女能縫紉者請送婦女縫紉工廠工作。

決議：孤寡婦女三十餘口請合江吳主席向韓、項兩女
　　　士推薦安置。

10.所餘人員請遼寧省政府分發外縣按民墾辦法屯墾。

決議：所餘人員究有若干，按其能力另造清冊，請徐
　　　主席設法儘可能予以安插。

11. 代表住址及職業

決議：代表住址由韓主席與王局長接洽（已洽無位
　　　置），其兩人職業由遼寧、合江、興安、黑龍
　　　江暫予以名義各酌給生活費。

八、兼主任委員交議據秘書處呈擬法制室工作計劃是否
可行請討論案。

秘書處法制室工作計劃

計劃項目	續辦或新辦	過去辦理概況或創辦緣起	計劃限度或要點	實施方法	完成期限
（一）整理東北各種單行法規	新辦	東北光復之初情形特殊，為適應當時實際需要，行轅及前政經兩委員會曾頒行各種法令規章，各省市政府亦曾因地制宜發佈單行法令，因而法令繁雜不無重複矛盾之處，何者應予修正，何者應予廢止，均有重新審議加以整理之必要。	（一）整理本行轅及前政經兩委會所頒行之各法規（二）整理東北各省市政府頒行之各法規	（一）由本會各處指派一高級人員會同本室辦理。（二）先行彙集已頒行之各法令加以分類送各主管單位審議提供意見，如認為有修正或廢止者，由該單位所指派之前項人員會同本室辦理。	五月底
（二）編審工作計劃	新辦	卅七年度工作計劃奉交由本室彙編。	（一）彙編本會工作計劃（二）審核東北各省市工作計劃	（一）本會各單位就其主管業務按照院頒卅七年度工作計劃編審辦法擬就各單位工作計劃送由本室彙辦。（二）製訂卅七年度東北施政方針，令飭各省市妥擬工作計劃呈會核辦。	月底
（三）編印「東北法規彙編」	新辦	東北行轅及前政經兩委員會所頒之法令規章尚無彙印，各方調閱參考殊不便利，實有將東北所有法令規章整理付印必要。	（一）編印東北行轅及前政經兩委員會所頒行之法規（二）編印中央所頒行之各種法規	（一）收集所有已經頒行之東北法規加以整理分類。（二）分別印成活頁分發各機關，必要時得酌收工本費。	六月底
（四）審核有關東北各項法規	續辦	過去關於法規之審核事項，係由行轅法規編審委員會辦理，現該會撤銷，業務移交本室接辦。	經常辦理		

決議：修正通過第一項實施方法（一）改為「遵照兼
　　　主任委員規定原則由本會各處指派一高級人員
　　　會同本室辦理」，其完成期限改為「一月底」，
　　　第三項緩辦。

九、兼主任委員交議據主任委員辦公室擬具本會處理文
　　書暫行規則草案是否可行請討論案。
　　　據主任委員辦公室簽呈稱「關於本會文書處理，前
　　經奉頒辦法四項遵行在案，茲由本室擬具詳細規則
　　一份，經分請各單位提供意見，並經參酌修正，理
　　合檢同該項修正草案簽請核示或提常委會議決定施
　　行」等情，茲抄附原呈草案一份，敬請公決。

東北行轅政務委員會處理文書暫行規則草案
第一章　總則
　　第一條　文電處理程序如附圖。
　　第二條　機密及緊急文電對前條一般程序得酌情
　　　　　　簡化以期速密。
第二章　收電
　　第三條　秘書處文書科收到文件應即時拆封摘由
　　　　　　編號登記，註明收到年月日時，就案情
　　　　　　區分急速、機密、重要、例行四種，加
　　　　　　蓋木戳後按業務性質分送主管單位。
　　第四條　封面有「親啟」、「密啟」、「極機密」
　　　　　　字樣者，文書科不拆封，僅於原件封面
　　　　　　上編號登記註明收到年月日時後，送主
　　　　　　任委員辦公室主任親拆交辦。

第五條　公文如有附件應登記隨文附送，其附有
　　　　款項或證券者應登入專簿先送出納人員
　　　　核收，並在原件蓋章證明，然後分送，
　　　　附件缺少者應立即通知來文機關補送。

第六條　收文一律採用「中心文號」，本會收文
　　　　以總收發文號為「中心文號」，各單
　　　　位之收文如另編收文號，則僅作查案之
　　　　用，所屬各科不另編收文號。

第七條　電報由主任委員辦公室機要組直接收受
　　　　後依照左列各款處理，但有「親譯」字
　　　　樣者應送呈親譯或指定專人密譯逕呈：

　　　1. 主任委員辦公室機要組收到電報後立
　　　　即分別登記，交譯承譯人員應自行審
　　　　閱，分別緩急次序，譯辦畢隨送審核人
　　　　員改正電文錯誤並簽字加蓋應分送之主
　　　　管單位名戳及年月日時章，呈由室主任
　　　　核閱分別轉呈或分送各主管單位。

　　　2. 來電內容如與數單位有關者，分別抄
　　　　送有關單位並註明分抄某單位字樣。

　　　3. 主任委員辦公室機要組收到電稿審查
　　　　批判無誤譯發後，於稿面加蓋「已譯
　　　　發」戳記並登記編號摘由還稿。

第八條　凡不屬各單位之案件由主任委員辦公室
　　　　轉呈指定單位處理之。

第三章　分辦　擬辦

第九條　各單位收到分辦文電時應由各該單位收

發人員登記並註明收到時間，加蓋戳記
後立即呈送主管長官核閱批辦分科辦理。

第十條　　各科長接到批示文電應隨到隨辦，如有
特殊情形或待查案與會商不能接辦者，
須簽明理由呈請核示。

第十一條　各科呈辦稿件應一文祇敘一事，須用規定
之格式與紙張稿面，各欄填註清白，呈由
科長及本單位主官核簽後呈送核判。

第十二條　文電之有時間性者如遇長官公出時，得
逕送主管職員辦理，以免延誤，但事後
仍須報告。

第十三條　重要機密或有時間性之文電由主管官批
示辦法或面加指示交承辦人員辦理，至
各單位處理重要業務應逐日填入規定報
告表（如附表第一），按週呈閱。

第十四條　文電送達機關銜名及地址均由擬稿人於
稿內註明，如係通令並附發送各單位銜
名及地址單，又電尾文首均須分別加註
發文機關「代字」，此項代字另定之。

第十五條　各單位對於改進業務或建議請求之報告
及簽呈核示案件（此係指無來文之簽呈
報告而言），逕送主任委員辦公室分別
轉呈核示奉批後按其性質發交主管單位
承辦，一面由主任委員辦公室將奉批情
形通知原簽請單位以便查考。

第四章　簽稿　送判

第十六條　各承辦人員對於收到分辦文電，須視其性質按所請求事項可以準據法令規章前案事理決定辦法者，可簽稿並送呈核。

第十七條　各承辦人員對於收到分辦文電後，除長官已經批示辦法面授機宜外，如有難以決定辦法或雖有準據而猶存疑慮者，應具陳理由擬具辦法意見簽呈長官核示後再行擬稿。

第十八條　各項文電按其時限性質以各色文夾（急件要件用紅色、次要者用藍色、普通者用白色）呈核呈判，通常文件送主任委員辦公室轉呈各主管常務委員核閱後再呈副主任委員、主任委員核批，如為爭取時間，急發之件得由各處逕送主管常委核辦，呈核或呈判文件應用簽稿呈核單（附樣式）夾在卷面右上角以便登記查考，如為機密文件應另行蓋章加封專人呈送（呈判稿件同）。

第十九條　呈閱呈核或呈判之文件如有附件及前案者應隨文附送。

第二十條　主任委員辦公室承轉呈核呈判公文人員採用登記簿（格式附後）以便檢查。
　　　　　凡呈閱呈核呈判之文件，核閱長官如有留下或轉交他處，請在簽稿呈核單附記欄內簽註以便稽考。

第二十一條　例行文件由各單位主官負責代判先發，
　　　　　　逐日登記（附表式二），按週列表送主
　　　　　　任委員辦公室彙呈。

第二十二條　次要文件送主任委員辦公室轉呈各主管
　　　　　　常委負責代判先發，其重要者呈主任委
　　　　　　員、副主任委員親判親核親閱。

第二十三條　其他不屬於各處會主管一般公文，由主
　　　　　　任委員辦公室主任核呈副主任委員、主
　　　　　　任委員判發或批示。

第二十四條　各常務委員判發或批示後之公文，統還
　　　　　　由主任委員辦公室轉發各主管單位。
　　　　　　主任委員判發或批示後重要公文送回常
　　　　　　務委員閱後，再送還主任委員辦公室轉
　　　　　　發各主管單位。

第二十五條　主任委員、副主任委員、常務委員已批
　　　　　　示之文件，各單位主管即遵批擬稿判
　　　　　　發，仍以先發方式行之，其發行用印即
　　　　　　以批示為準，如係特別重要文件，由承
　　　　　　辦單位主管斟酌擬定之稿有呈核判必要
　　　　　　時，仍依例送判。

第二十六條　凡副主委或常委代批或代判之公文，應
　　　　　　由承辦單位逐日登記（如附表三、四），
　　　　　　按週列表送主任委員辦公室彙呈。

第二十七條　稿件各頁及其夾入原文附件之騎縫處應
　　　　　　分別加蓋印章以防抽換。

第二十八條　稿件文字須繕寫清楚，不得潦草，以便

閱覽。

第五章　會稿

第二十九條　凡屬一文牽涉兩個單位以上之案件，須會簽會稿，其辦理方式如下：

承辦案件有必須與他單位洽商辦理者，由主辦單位以電話或當面洽商辦理辦法決定後，其會簽會稿應派專員送會，立即攜回會簽者摘由登記。

第六章　公文處理日限　公文速度檢查

第三十條　最急文件不分日夜隨到隨辦，不得延擱。

第三十一條　重要文件自收文到發文不得超過壹日。

第三十二條　次要文件自收文到發文不得超過三日。如情形特殊，有鄭重審核磋商或詳查舊案之必要者，其處理日限得由各單位主官斟酌情形自行核定。

第三十三條　各單位處理文書除有規定之表報外，由主任委員辦公室主任指定專人逐日檢查其辦理速度，予以督促注重時效。

第七章　發行　歸檔

第三十四條　稿件判行後，文稿交繕經校對無訛登簿送印，電稿則送請行轅電務科譯發。

第三十五條　校對人員對於送校文件須注意繕寫格式及字劃文句有無錯誤，如有發現錯誤應即予以更正或送回原承辦者更正。

第三十六條　稿件用印時須依照規定蓋用印信及名章，並注意附件之用印，用印畢須加檢

查有無漏蓋，並應登記以資查考。

第三十七條　稿件經繕校用印後即送收發人員編號登記封發，在封發時須對文件附件與收文之機關地址等項詳加檢點。

第三十八條　機密之件由承辦人監同繕校蓋印封發，在封面上加蓋「機密」戳記或寫明「親啟」、「密啟」字樣，封口加蓋火漆印或密封簽條。

第三十九條　發行文件凡有來文者，收發人員應將辦法登記於收發文簿內以便對照，無來文之發文應另立發文簿編號封發。

第四十條　公文發行後，其未結案稿件仍交還原承辦單位暫存辦結後送文書科歸檔。

第四十一條　歸檔案卷經主管人點收後，應登錄總冊，按其文件性質分類分目分別登記編號裝訂成卷。

第四十二條　檔案文卷須經詳細編訂總目錄及分目錄以便隨時查考。

第四十三條　案卷保存年限應視案情性質而別，各類案卷之保存限度於核稿時由主官指定之。

第四十四條　調取案卷應照檔案主管人規定之手續。

第四十五條　檔案主管人員應於每半年檢閱全部檔案一次，其有逾期無用之卷撿出列冊呈報銷燬。

第八章　督導　執行

第四十六條　本會文書處理應依本規則澈底執行，由

主任委員辦公室負全部文書督導之責，惟各單位主管仍負各該單位文書督導之責，至於各單位主管文書人員應負澈底執行之責。

第四十七條　各主管之文書人員或承辦人員如不遵照本規則執行，因而發生遺誤或失時效時，應由主管官查明原因按情節輕重予以處分。

第四十八條　本規則自核定之日實施。

國民政府主席東北行轅政務委員會公文程序圖

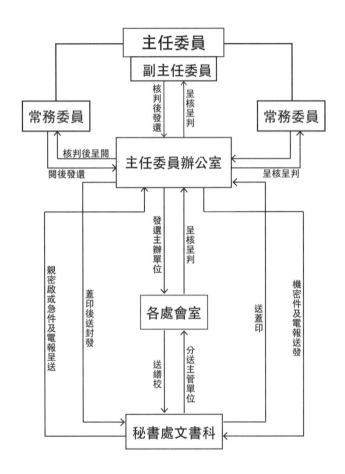

決議：照案通過。

十二、兼主任委員交議據總務處簽請籌配本會職員制
　　　服料以壯觀瞻等情是否可行請討論案。
　　　據總務處簽呈稱「查本會並不發同仁制服，當茲
　　　物價奇昂，個人自行購製經濟力實有不逮，為減
　　　輕同仁負擔及求服裝整齊劃一起見，擬請由會設
　　　法統籌購買大批制服呢料照原價配售同仁。
辦法：請總長陳轉飭聯勤總部瀋陽被服總廠製呢廠配
　　　售本會職員每人呢料兩套等情」，所呈辦法是
　　　否可行，敬請公決。
決議：照辦。

丙、散會

東北行轅政務委員會
第十六次常務委員會議紀錄

時　間　三十六年十二月十五日上午九時

地　點　瀋陽本會三樓主任委員室

出席人　王副主任委員樹翰　　高常務委員惜冰

　　　　王常務委員家楨　　　馮常務委員庸

　　　　鄒常務委員作華　　　朱常務委員懷冰

列席人　劉主任慕曾

主　席　王副主任委員樹翰

紀　錄　楊仲揆

甲、報告事項

乙、討論事項

一、兼主任委員交議東北農耕曳引機管理所結束移交案
　　應如何辦理請討論案。

　　　　據東北農耕曳引機管理所簽呈稱「案奉鈞會本年
　　十一月十九日務農字第一一九三號訓令開：「奉東
　　北行轅兼主任陳諭：『東北農耕曳引機管理所即交
　　行總接辦』等因，奉此除分電善後救濟總署東北分
　　署查照接管外，合行令仰該所遵照辦理移交具報為
　　要」等因，奉此當即督飭所屬趕辦移交，並於本年
　　十一月三十日以曳景總字第一一六號咨請東北分署
　　派員來所接管，復將本所移管情形電請上海農墾處
　　核示各在案，旋於本年十二月一日下午三時半東北

分署代表人曹漢奇來所洽商接管事宜，連日正與東
北分署洽商交接手續遵辦移交，間昨奉上海農墾處
本年亥江電開：「漸刪電均悉，東北分署單獨接辦
本處不能同意，已呈總署轉電東北行轅繼續維持辦
理」等因，查本所曳引機器材其所有權屬於上海農
墾機械管理處，對於行總東北分署不受任何約束，
有合約可資證明，該項機械器材既屬農墾機械管理
處，而該處既正式反對移交行總東北分署並希望鈞
會繼續維持辦理，究應繼續辦理抑交農墾處辦理之
處，理合抄同原定合約一份隨簽賚請鑒核」，及農
田水利處等會簽稱「查東北農耕曳引機管理所奉令
移交行總接辦，職處等為商討該所結束及移交事
宜，經於本月二十五日下午二時在本會農田水利處
召集該所幹部人員等磋商研討，已獲致初步決議，
是否有當，理合檢同會議紀錄一份具文簽請鑒核」
各等情，如何辦理，敬請公決。（附紀錄一份）

東北農耕曳引機管理所結束及移交會議紀錄

日　　期　十一月二十五日下午二時

地　　點　本會二樓農田水利處處長辦公室

出席人員　總務處　　　　　　　　高安波

　　　　　主任委員辦公室人事組　安樹德

　　　　　會計處　　　　　　　　于連和

　　　　　曳引機管理所　　　　　原景春　單鍾姚

　　　　　　　　　　　　　　　　高德芳　楊開璺

　　　　　　　　　　　　　　　　郜成烈

　　　　　財務處　　　　　　　　歐陽鍾壎

農田水利處　　　　　吳安庸

主　　席　吳安庸

紀　　錄　關玉瓚

決議事項

甲、資產

　　一、卡車、吉普車、汽油由總務處簽請主任委員核
　　　　撥本會應用，曳引機等交行總接管。

　　二、救濟物資及藥品由總務處簽請核撥本會應用。

　　三、該所購置之器具、備品與曳引機有關工具交行
　　　　總，辦公用具交本會。

　　四、借用傢具由本會繼續借用。

　　五、裝備機械之零件交行總。

乙、經費

　　一、十一月份員工薪餉及前由經濟委員會借支之
　　　　五百萬元，共需經臨費貳仟四百餘萬元，請財
　　　　務、會計兩處核發，並由該所趕編預算呈核。

　　二、結束經費另設一項編入預算內，一併報會核發。

　　三、關於報銷，除單據表報按規定分呈有關機關
　　　　外，餘如賬簿表報等交本會會計處審查保管。

　　四、辦公費超出部份准由臨時費內增設勘查費、印
　　　　刷費以資彌補。

丙、檔案印信

　　一、有關業務之檔案、書類、表冊移交行總，有關
　　　　總務者交本會。

　　二、印信結束後繳回銷毀。

丁、人員

　　一、除行總留用部份外，限本月底造冊報會，由
　　　　本會主任委員辦公室簽請核編入政工隊。

　　二、留辦結束人員不得超過八人，以儘量由行總借
　　　　調為原則，不能借調人員薪金由結束經費內支
　　　　付至十二月底止。

　　三、韓副主任薪級問題應補繳證件由本會主任委員
　　　　辦公室核定。

戊、此次招考之駕駛員，試卷加封移交行總審核辦理。

己、結束期限由十二月一日至十二月底止。

決議：本案暫予保留。

二、兼主任委員交議據工商處簽呈米麵購運案如何辦理
　　請討論案。

　　據工商處案呈稱「查東北所需大米、麵粉向仰給境
　　外購運，惟京、滬、平、津有關當局對於米麵出口
　　多加限制，前經濟委員會為鼓勵物資輸入，凡商人
　　請求由境外購運米麵者則發給購運證明書，俾資商
　　人洽請境外機關放行，實行在案，茲准糧食部西迴
　　電略開，嗣後購運糧食應請統由物資調節委員會辦
　　理，不必委託商人，以免糾紛等由，復據物調會電
　　稱，案同前由，並電請轉飭各機關知照等情，查關
　　於境外糧食購運，嗣後如交由物調會統籌辦理，似
　　有未當，謹述理由於後：

　　一、據前濟委會調查研究處及物調會調查估計，
　　　　明年新糧登市以前東北收復區共缺少糧食約

四十萬噸，按物調會之資金及人力未必有單
獨統籌如此大量食糧之能力，苟不能及時妥
籌，則明年之糧荒實堪危慮，故應從速多方設
法，自不應阻止商人購運食糧。

二、物調會單獨統籌其分批購運之數量與實際能力
易為商人明瞭，難免商人乘其存底不豐之際從
而操縱投機，如亦准商人各自購運，則物資可
陸續而來，在供給上實較圓滑，同時所有商人
購運之總數量亦難估計，因而欲囤積操縱者自
不敢輕動。

三、依照改訂商貨出入調節暫行辦法第七條規定，
應憑輸入東北同等價值之麵粉等重要必需物資
之運單等始得申請五金類物品輸出許可，如嗣
後境外米麵之購運統由物調會籌辦，則影響東
北五金類之輸出，阻礙物資交流，使遊資與非
必需物資復將充斥於東北，其影響所及，足以
加甚物價之波動，擬商請糧食部，除物調會外
仍准一般商人購運，以收時效，藉資調節民
食，穩定物價」等情，如何辦理，敬請公決。

決議：電復糧食部及物調會仍准開放商運。

丙、散會

東北行轅政務委員會
第十七次常務委員會議紀錄

時　　間　三十六年十二月十六日上午九時

地　　點　瀋陽本會三樓主任委員室

出席人　王副主任委員樹翰　　高常務委員楷冰

　　　　　王常務委員家楨　　　馮常務委員庸

　　　　　鄔常務委員作華　　　朱常務委員懷冰

列席人　劉主任慕曾

主　　席　王副主任委員樹翰

紀　　錄　楊仲揆

甲、報告事項

（略）

乙、討論事項

一、兼主任委員交議據財務處簽呈東北田賦機構糧食部
　　未准設立擬仍予保留等情如何辦理請討論案。

案由：由東北田賦徵實及購辦軍糧所需要之各級田賦機
　　　　構糧食部未准成立以事實需要擬予保留並電商
　　　　糧部可否請公決案。

理由：一、田賦徵實現已開始，如各級機構初設之後，
　　　　　　遽行撤銷，於達成徵實業務影響殊鉅。

　　　　二、軍糧購撥概由各省田賦機構擔任，業務極
　　　　　　為繁重，非有專設機構不克達成。

　　　　三、現在各級田賦糧食管理處之設置，係裁併

原糧食儲運局暨偽滿農產公社清理處而成
立，與增設駢枝機關不同。

四、三十六年度東北糧政機構曾三度改組，如
再變動益滋紊亂。

五、內地徵實，各省並無財政廳兼辦者。

六、糧部顧慮似在中央分成較少（百分之十
五），擔負相對加多，然業務繁重不能因此
而簡。

辦法：一、省處仍予保留，處長以專任為原則。

二、縣處以設處為原則，其徵糧過少縣份得酌
設田糧科或由財政科兼辦。

三、鄉鎮辦事處暨倉庫仍應酌設。

四、原案係糧部關次長擬定，除由政委會正式
聲商外，擬以兼主任名義另電關次長就近
商辦。

五、在糧食部未核定前，各級徵實機構所必需
之經費樽節預算暫由行轅墊支。

決議：遼寧、遼北、吉林三省省田糧處保留各縣徵實能
達成預定數量者設處辦理，只及三分之二者於
縣府設科辦理，在三分之二以下者由縣府財政
科兼辦。

二、兼主任委員交議據政務處擬具縮減長春市政府編制
員額辦法是否可行請討論案。

據政務處簽呈稱「查關於東北各省市政府及各省縣
市旗政府員額編制應予緊縮案，均經本處擬具辦法

檢同表件簽請核示在卷，茲查長春市既非院轄，又非一般省轄市可比，其市政府員額編制原經專案頒行，並經懇請另案辦理各在卷，茲由本處參酌該市財政情況按照實際需要，擬定該市縮編員額編制表一份，並說明如次：

（一）長春市政府原設秘書、會計兩處，民政、財政、教育、地政、衛生、工務、公用、警察等八局，共十一單位，員額六一一人，現擬保留秘書、會計兩處，民政、財政、教育、工務、警察等五局，共七單位，員額三五〇人，其已設之地政、衛生兩局擬予裁撤，其業務併入民政局辦理，原設立之公用局裁撤，其業務併入工務局辦理。

（二）該市政府民政局原設四科，員額七十八人，現擬將地政及衛生兩局裁併後仍分設四科，保留員額七十五人，裁減三人，原工務局設三科，員額五十三人，現擬將公用局裁併後亦仍分設三科，保留員額五十人，裁減三人，又財政局原設三科，現擬改併為兩科，保留原額四十三人，裁減二三人，教育局原設三科，現亦擬改併為兩科，保留員額三十八人，裁減十人，其餘各局處情形如次：秘書處保留六十人，裁減三五人，警察局保留六十人，裁減三十六人，會計處保留二三人，裁減十三人，總計該市政府裁撤三單位，裁減員額二六一人。

（三）所有各項編餘人員統擬編入該屬吉林省政治
　　工作隊。

上列三點擬自三十七年度起施行」等情，是否可

行，敬請公決。

長春市政府縮編後員額編制表

		市政府（秘書處）	民政局	財政局	教育局	工務局	警察局	會計處	合計
市長	簡任	1							1
秘書主任	薦任	1							1
局長	薦任		1	1	1	1	1		5
會計處長	薦任							1	1
秘書	薦任或委任	2	1	1	1	1	1		7
科長	薦任或委任	2	4	2	2	3	3	2	18
督學	薦任或委任				2				2
編審	薦任或委任	2							2
技正	薦任或委任		2			3			5
人事室主任	薦任或委任	1							1
外事室主任	薦任或委任	1							1
統計室主任	薦任或委任	1							1
會計主任	薦任或委任			1			1		2
督察長	薦任或委任						1		1
視察	委任		2	1					3
科員	委任	22	26	16	12	12	18	5	111
會計員	委任		1			1	1		3
統計員	委任		1	1	1	1	1		5
測量員	委任					3			3
合作指導員	委任		1						1

		市政府（秘書處）	民政局	財政局	教育局	工務局	警察局	會計處	合計
督導員	委任						10		10
技士	委任		4			6			10
人事管理員	委任		1	1	1	1	1		5
會計佐理員	委任		1	2	1	2	2	2	10
統計佐理員	委任	3					1		4
人事助理員	委任	4					1		5
辦事員	委任	10	16	9	8	7	10	7	67
技佐	委任		2			4			6
雇員	雇用	11	12	8	8	5	9	6	59
合計		61	75	43	38	50	60	23	350

決議：照辦。

丙、散會

東北行轅政務委員會
第十八次常務委員會議紀錄

時　　間　三十六年十二月十八日上午九時

地　　點　瀋陽本會三樓主任委員室

出席人　　王副主任委員樹翰　　高常務委員惜冰

　　　　　王常務委員家楨　　　馮常務委員庸

　　　　　鄒常務委員作華　　　朱常務委員懷冰

列席人　　劉主任慕曾

主　　席　王副主任委員樹翰

紀　　錄　楊仲揆

甲、報告事項

（略）

乙、討論事項

一、兼主任委員交議據遼寧省政府電請隨賦帶募積穀應
　　如何辦理請討論案。

　　據財務處簽呈稱「奉交遼寧省政府電為預防饑饉，
　　計擬於徵收田賦時帶募積穀，每賦額一元帶募六
　　市升，以每戶賦額滿四元為起募點等情，查本年
　　徵實以偽滿賦額四分之一為核定賦額，每核定賦
　　額一元徵收高粱三市斗，內計徵實二斗四升、公
　　糧六升，按全面積及徵實公糧總量計算每畝平均
　　負擔○‧五一市斗，按前經委會統計每畝生產量
　　一一‧一○市斗，對自耕農相當生產百分之五，另

有佃農之地主相當生產百分之十五，若以上則地每
畝平均賦額一七‧二八元，核定賦額〇‧四三三
元，納糧一二‧九六市斗，加以積穀〇‧二五九捌
市斗應為一‧五六五捌市斗，自耕農相當生產量百
分之一四，地主負擔相當生產量百分之三五，惟查
各省地方建倉積穀，中央規定辦法頒行已久，法有
可據，東北各省市田賦徵實辦法第二十六條規定各
縣（市）田賦徵收實物後，除積穀一項仍照舊辦理
外，不得再以土地為對象帶徵或攤派任何稅捐規定
有案，究應如何辦理，敬請核示」等情，如何辦
理，敬請公決。

決議：本年度緩辦。

二、兼主任委員交議據財務處簽請確定本轄及前經委會
　　直屬各機關存廢及隸屬問題以便辦理三十七年度預
　　算案。

　　據財務處簽呈稱「查行轄及前經濟委員會直屬機
　　關，計有行轄所屬韓僑事務處及前經濟委員會所屬
　　生產管理局等共十五單位，茲政經兩會業經改併本
　　會，其各附屬機關有已明令裁撤者，有已奉令延至
　　本年底結束者，有已奉令縮編者，亦有尚無明文規
　　定者，本年度瞬屆終了，三十七年度各機關經費預
　　算即須著手辦理，各機關除已明令裁撤及劃出者
　　外，其餘各機關之存廢及隸屬關係亟須確定以便
　　辦理」等情，如何辦理，敬請公決。

　　附機關名稱表一份

機關名稱	原隸屬機關	決定辦法	備註
韓僑事務處	東北行轅	縮編改隸本會	該處前雖隸屬行轅，惟係文職編制，其業務及預算撥款事項亦均由前政治委員會辦理
留用日籍技術員工管理處	經委會	縮編保留	
農村合作事務局	經委會	已明令裁撤	
農耕曳引機管理所	經委會	已明令裁撤	
統一接收委員會		奉令延至本年度結束	
生產管理局	經委會	奉令延至本年度結束	
房地產管理局	經委會	奉令延至本年度結束	
瀋陽製粉廠	經委會	已劃歸第六補給區	
瀋陽農產加工廠	經委會	尚未見明令	
錦州製粉廠	經委會	尚未見明令	
長春製粉廠	經委會	尚未見明令	
物資調節委員會	經委會	尚未見明令	
東北科學研究院	經委會	尚未見明令	
長春實驗林場	經委會	尚未見明令	
三省公路聯運處	經委會	尚未見明令	

決議：瀋陽農產加工廠、錦州製粉廠、長春製粉廠均
　　　併入生產管理局，統一接收委員會房地產管理
　　　局改為敵偽產業處理局，物調會改為物資調節
　　　局，東北科學研究院改隸本會，長春實驗林場
　　　撥交長春市政府，三省公路聯運處併入東北運
　　　輸總局成立一處。

三、兼主任委員交議據文化處擬具東北行轅政務委員會
　　文化教育綱領草案是否可行請討論案。

國民政府主席東北行轅政務委員會文化教育綱領（草案）

（一）總綱

　　一、本行轅為發展三民主義文化，推行三民主義
　　　　教育，以培育三民主義新戰士，建設三民主
　　　　義新東北，特訂定本綱領。

　　二、三民主義革命當前任務為動員戡亂，文化、
　　　　教育亦必準此積極動員，提高其政治性，
　　　　加強其戰鬥性，期能與軍政協同進行戡亂
　　　　工作。

　　三、東北文化、教育經敵偽長期摧殘，已產生
　　　　不良之結果，故執行新政策不得因循現狀，
　　　　亦不可漠視事實，對於一切設施均須詳細檢
　　　　查，重新估價，然後揭櫫遠大目標，以革命
　　　　手段逐步建設。

（二）文化建設

　　四、救治學術上依賴盲從、紛亂徬徨之積弊，必
　　　　先掀起三民主義文化建設運動，獎勵國父遺
　　　　教、主席訓示之研究，並以國父、主席相衍
　　　　相成之一貫思想為中心，創建新哲學、新藝
　　　　術、新社會科學之體系及內容。

　　五、倡導學術獨立運動，對固有文化從根救起，
　　　　致力整理與闡揚，對西洋科學迎頭趕上，注
　　　　意改造與發明，以糾正崇拜外人、卑視祖國
　　　　之心理。

六、恢復篤實純樸之民風，首重鼓吹新生活運
　　動，從衣食住行方面加以改造，革除浮靡奢
　　華之習慣，從言談舉止方面加以改造，力矯
　　殖民地人民虛妄卑鄙之病態。

（三）宣傳工作

七、宣傳為人心之爭奪戰，應依據戰鬥原理、科
　　學方法闡揚國策政令與揭穿奸匪陰謀，並於
　　動員戡亂過程之中隨時針對新形勢提出新號
　　召，用各種不同方式同時發動工作，以提高
　　人民對清剿奸匪之信心。

八、確定新聞為宣傳之主力軍，妥訂新聞政策，
　　將報社、通訊社、廣播電台重新部署，加強
　　管理，結成有組織之戰線，開展有計劃之攻
　　勢，促使奸匪宣傳陣營全面崩潰。

九、隨時研究有效方法，向奸匪盤據區域進行宣
　　傳，擴大青年不滿現狀心理，燃起所有同胞
　　之民族意識，以構成其懷念祖國思想而粉碎
　　奸匪之思想封鎖政策。

（四）計劃教育

十、推行計劃教育之先決問題為經費與師資，各
　　省市政府應於公產稅收之中指定教育專款，
　　建立獨立預算，以期實行公費制度，關於師
　　資之儲備與任用亦應由政府統籌採取甄審辦
　　法，一律改為委任，並提高其地位，保障其
　　生活，期能切實負起教育之神聖使命。

十一、義務教育於現有之課業，尤注意人格培養與

體魄鍛練，學校應按照兒童多寡及分佈情形設立之，遇必要時得置教育警察，根據戶籍之登記轉移加以管理，使境內人民無間貧富，其受教育之權利與義務一律平等。

十二、中等以上學校教育內容應與政治、經濟、國防諸建設密切配合，減少現有之普通學校，參酌建設計劃社會需要及當地之產業情況，增設各種職業技術學校，至於學生之升學就業則按照其志願秉賦及學業成績統籌辦理之。

（五）青年組訓

十三、奸匪盤據區內之青年必須積極招致，施以嚴格訓練，然後統籌其升學就業，以期加強動員戡亂力量及厚植國族未來之根基。

十四、各省市縣應利用學生假期舉行集訓，補助學校教育之不足，實施政治訓練，以堅定其信仰，實施軍事訓練，以改良其習慣，推行勞動服務，以培養其技能，推行社會服務，以擴大其胸襟，並用以推動社會教育，釀成整個社會之改造。

十五、招訓邊疆蒙胞及歸化韓民，使之認識三民主義與世界人類之密切關係，而志願獻身革命，積極參加動員戡亂工作。

決議：與政治、經濟二綱領合併審查。

四、兼主任委員交議本會組織規程應行修訂呈院頒行請
　　討論案。

國民政府主席東北行轅政務委員會組織規程

第一條　行政院為指導辦理東北各省市有關政治、經
　　　　濟復員建設事宜，特於國民政府主席東北行
　　　　轅內設置政務委員會（以下簡稱本會）。

第二條　本會設主任委員一人，副主任委員一人，委
　　　　員十七至二十三人，內以三人至五人為常務
　　　　委員，特派或簡派。
　　　　東北各省省政府主席均為本會當然委員。
　　　　主任委員承行政院院長之命，並受國民政府
　　　　主席東北行轅主任之指揮綜理會務，並指揮
　　　　監督所屬各職員。

第三條　本會機要人事議事及不屬其他各處之事項，
　　　　由主任委員辦公室掌理之其餘各項事務，設
　　　　左列各處會分別掌理：
　　　　　一、秘書處　掌理文書、法制、編譯、統
　　　　　　　　　　　計、訴願等事項。
　　　　　二、政務處　掌理地方行政、警政、戶政、
　　　　　　　　　　　禁政、地政、衛生、社會、司
　　　　　　　　　　　法行政等事項。
　　　　　三、財務處　掌理財務行政、糧政、公庫管
　　　　　　　　　　　理、地方賦稅、地方財政及金
　　　　　　　　　　　融公債事項。
　　　　　四、文化處　掌理教育行政、文化輔導、學
　　　　　　　　　　　術研究及國策政令之宣揚、新

　　　　　　　　　聞出版之管理等事項。

　　五、工商處　　掌理工商礦業管理輔導及貿易
　　　　　　　　　物價之調節管理事項。

　　六、農田水利處　掌理農林漁牧管理輔導及
　　　　　　　　　合作水利事項。

　　七、交通處　　掌理鐵路、公路、航運、郵
　　　　　　　　　電、行政監督指導及交通用具
　　　　　　　　　之配備事項。

　　八、總務處　　掌理本會出納、庶務、管理、
　　　　　　　　　交際及警衛事項。

　　九、會計處　　掌理歲計會計事項。

　　十、政治研究會　掌理有關政治之研究設計
　　　　　　　　　及審議事項。

　　十一、經濟研究會　掌理有關經濟之研究設
　　　　　　　　　計及審議事項。

　　十二、文化研究會　掌理有關文化之研究設
　　　　　　　　　計及審議事項。

第四條　東北各省市有關政治、經濟之一切事項依法
　　　　應呈請行政院核准者，在接收復員期內均報
　　　　由本會核示或轉請核示。

第五條　本會對於東北各省市政府之命令或處分，認
　　　　為違背法令、逾越職權或不當者，得呈請行
　　　　政院院長停止或撤消之。

第六條　本會得發佈命令或佈告必要時，得以東北行
　　　　轅名義行之。

第七條　本會就主管事項對於行政院所屬各部會署

　　　　　　局，設在東北各省市之行政事業機關予以指
　　　　　　導監督。

第八條　　本會會議以主任委員為主席，主任委員因故
　　　　　　不能出席時由副主任委員代理之。

第九條　　本會辦理本區內蒙旗復員事宜，為使推行便
　　　　　　利起見，得設置蒙旗復員委員會。

第十條　　本會為配合復員建設，得就有關重要事務設
　　　　　　置專門機構處理之。

第十一條　本會之編制辦事細則及會議規則另定之。

第十二條　本規程自公佈日施行。

決議：修正通過第十條「設置專門機構處理之」改為
　　　　「設置專門委員會或業務機構處理之」。

五、兼主任委員交議工商處擬具貸款救助民營煤礦辦
　　法案。

　　據工商處簽呈稱「查今冬煤荒嚴重情形，業經簽報
　　在案，並經擬具解決方案，內中增產部份，對扶植
　　省營、民營小礦，擬請由本會墊款省營四億元、民
　　營六億元，關於省營部份奉批『省營煤礦需款可先
　　墊借』等因，惟扶植民營部份尚未蒙批示，查民營
　　各煤礦如八道壕、礬盛堡等礦規模雖小，而因工人
　　均系直接從事生產，力量集中，故效率實較目前國
　　營各礦為高，倘由公家墊撥的款，使其資力充裕得
　　以增產，則非但可解決本市一部份煤荒問題，且可
　　救濟失業，安定民生，藉以獲致地方繁榮，茲為使
　　貸款確獲保障起見，謹再擬定辦法如下：

（一）經濟部工商輔導處主要業務為綜合調查研究
　　　並解決有關工商各種困難，對於處理上之技
　　　術具有專門經驗，如將此項貸款六億元撥由
　　　該處，根據本處所擬民營各礦生產貸款計劃
　　　表飭各礦妥擬具體工程及生產計劃，負責合
　　　理支配貸放監督實施，當可收事半功倍之
　　　效，於必要時本會再派員赴各礦輪流稽核，
　　　則尤策萬全，至所產之煤在不妨礙生產週轉
　　　原則下，即由物調會收購，將價款按期扣撥
　　　本會歸墊。

（二）令物資調節委員會按貸款六億元範圍分別與
　　　各礦訂立合約，預撥所需資金作為購買煤炭
　　　預付款，於兩個月後交貨，按當月份價格作
　　　價，而預付貸款之子金由礦方負擔。

以上民營各礦擬請由本會撥款六億元，所擬兩項辦
法何者可行，理合簽請鑒核示遵」等情，如何辦
理，敬請公決。（附貸款計劃表）

民營各礦生產貸款計劃表（單位：噸）

名稱		八道壕礦	民營實業公司礬盛堡煤礦	鈣嶺忠誠公司	西豐八礦	其他	合計
現在生產量		6,000	900	0	0		6,900
計劃生產量	12 月	6,000	3,000	0	240		9,240
	1 月	9,000	12,000	1,500	400		22,900
	2 月	13,000	12,000	1,500	480		26,980
	3 月	13,000	12,000	2,000	560		27,560
	合計	41,000	39,000	5,000	1,680		86,680
請求貸款數			254,000,000	111,200,000	100,000,000		
核定貸款數			200,000,000	80,000,000	80,000,000	240,000,000	600,000,000
備考		上項貸款係礦置機器物料、開鑿井坑，詳見解決冬季煤荒案。					

六、兼主任委員交議東北行轅政務委員會經濟政策綱
　　領案。

東北行轅政務委員會三十七年度經濟政策綱領

　　光復以來東北屢遭洗劫破壞，現已支離殘缺，瘡痍
滿目，收復區域雖曰四省，共二十餘縣，而完整者僅
五、六縣而已，糧食、木材、食鹽、棉花及電力等重要
物資均異常缺乏，共匪復向我展開經濟戰鬥，掠奪我食
糧，摧毀我工礦，破壞我交通，以致整個經濟局面支撐
異常困難，當前惟有：

（1）擴大收復區，南至蓋復，北至哈爾濱，東則分至
　　　梅河口、盤石一帶，囊括棉花、食鹽、木材、高
　　　粱、大豆及電力等主要生產區域，差可經濟自
　　　足，然後進攻退守庶均有所依據；

（2）確保治安，使農礦工商均得努力生產，增加物資
　　　供應；

（3）維持交通，俾可軍運敏捷，商運暢通，便利需
　　　供，而將來經濟施政之成果要視此三先決條件之
　　　如何以為斷。

關於一般原則者

一、配合戡亂軍事積極展開對匪經濟戰鬥。

二、切實逐漸實施民生主義經濟，努力增加生產，力求
　　合理分配，以改善一般國民生計並保障軍公教人員
　　生活。

三、著重一般經濟秩序之恢復（原有輕重工業之復工，
　　農業生產之維護）暫不從事新建設。

四、加強各經濟部門之聯繫。

關於交通者

五、鐵路里程修復通車者以五○○○公里為目標，首須維持瀋榆、瀋營兩線暢通，便利對關內接應，次則打通錦古、瀋長、瀋吉、吉長四線，再視軍事情況逐漸修復其他各線，電訊部份長途線路亦以維持五○○○公里為目標，航政部份須修復營口、葫蘆島兩港。

六、盡量補充機車車輛，目前僅有可用之機車二五○輛、客車三八九輛、貨車四七一六輛，應付當前運輸實感不敷，本年度應以將機車增至四○○輛、客車增至五○○輛、貨車增至七○○○輛為目標。

七、剷除積弊，推動運輸，鐵路貨運以每月一○○萬噸為目標。

八、積極利用公路運輸及沿海與主要內河木船航運，以補助鐵路之不足。

關於工礦者

九、選擇工礦重點，而使其餘工業部門配合發展，力求各業間與各地點間之合理配合政府，並輔導各事業，使在最短期內達到自給自足。

十、重工業生產以附表所列項額為目標，輕工業生產以附表所列項額為目標。

十一、關於輕重工業所需復工費及貸款，應由政府預為妥籌分配，以免偏枯偏潤。

關於農田水利者

十二、為防範洪水氾濫，依照東北水利工程總局所定計劃完成東遼河灌溉工程，並繼續修建太子河

及遼河下游復隄工程，而增加農業生產。

十三、加強改良品種，防治蟲害工作，以增加農業特
　　　產，以增產皮棉二十五萬擔、柞蠶■■萬擔、菸
　　　草五萬擔、高粱五十萬擔、水稻十萬擔為目標。

十四、合理開發森林，以增加木材之供應，並獎勵造
　　　林及節約木材之使用。

十五、農貸採取重點主義，盡量避免平均分配制度，
　　　俾劫後區域確需週轉資金者能收農貸之實效。

關於土地田糧者

十六、實施土地法，確實核減房租、地租，限制私有
　　　土地之數量，並開徵地價稅及土地增值稅，逐
　　　步平均地權，以期最後達到耕者有其田。

十七、統籌軍糈民食，以期支應作戰而安民生。

十八、田賦繼續徵實，暫以五百萬擔為目標，並推行
　　　累進徵率以期公平負擔。

關於商務者

十九、務使貨暢其流，盡量輸出大豆、五金、山貨、
　　　藥材，輸入米麵及工礦交通器材而劑盈虛。

二十、請中央政府指定東北區結匯銀行以展開東北直
　　　接對外貿易。

關於財政金融者

二十一、裁汰駢冗撙節行政開支，並逐漸推行公庫制
　　　　度，嚴核度支以減國庫負擔，完整縣市之收
　　　　支，以自足為原則，事業機關應逐漸增加其
　　　　事業費對行政費之比例。

二十二、剷除徵收積弊，切實遵行各項既定累進稅

率，以裕國庫而均民負。

二十三、 加速拍賣敵偽產業物資，並由政府大量輸出大豆、五金，以期增加收入。

二十四、 請中央及早規定法幣出關，流通券關金化，而統一幣制。

二十五、 實施匯兌管制，惟匯款關內購物及贍家等應盡量予以便利。

二十六、 政府金融機關應與軍隊配合前進。

二十七、 計劃貸款嚴加查稽，以免濫用資金刺激物價。

關於調節物資及管理物價者

二十八、 管理物資，嚴禁囤積操縱物價。

二十九、 實行配給制度，先由公教人員開始，漸及一般商民，並分區分機關量力逐漸實施，最後務期達到合理分配。

三十、 各機關間物資交流應盡量採取轉賬方式，以減少貨幣流通而節省發行。

三十一、 管制物價重在以量控價，由主管機構掌握相當數量，主要必需物資如糧、煤、棉紗、棉布、食鹽，調劑市場需要，並由地方有關機關團體共同議價公佈週知，使商民遵守。

關於人力利用者

三十二、 獎勵或強制人民從事直接生產工作。

三十三、 失業及流亡人民除老弱婦孺予以直接救濟外，採取以工代賑方式使參加生產事業。

關於節約消費者

三十四、 限制奢侈品之生產與輸入。

三十五、 設法限制與戡亂及民生無關之人力、物力
　　　　 使用。

關於經濟封鎖者

三十六、 為配合軍事，加緊對匪區封鎖，責由各有關
　　　　 部隊及地方政府嚴禁以紗布、糧食、食鹽等
　　　　 日用必需品及黃金等運往匪區。

決議：政治、文化、經濟三綱領由全體常委合併審
　　　查，朱常委召集。

七、兼主任委員交議東北運輸總局組織規程案。

　　據交通處簽呈稱「查交通部東北運輸總局組織規程
　　草案經該局於本年二月十二日奉交通部指令修正頒
　　發在案，後經本會奉行政院電飭速將該局組織規程
　　根據事實需要重擬呈核等因，當經轉飭該局遵辦據
　　復稱：『經重行詳審對現在情形仍甚適合，擬仍照
　　原案組設，惟員額方面迭經奉飭減少，自當儘量緊
　　縮，按原草案員額最高為九七六人，最低為七五〇
　　人，本局現在實有人數為七九七人，除最高額數因
　　將來路務擴充，此數尚不敷用，擬請仍維持九七六
　　人外，最低額數經竭力核減，定為六七五人，即較
　　現有減少一二二人，實已至最低限度，無可再減』
　　等情，附呈該局組織規程草案到會，經查交通部東
　　北區特派員辦公處已奉令結束，所有該處業務統交
　　運輸總局接辦，該局組織規程自應提早核定，以便
　　組設」等情，如何辦理，敬請公決。（附組織規程
　　草案）

交通部東北運輸總局組織規程草案

第一條　交通部為管理東北九省及熱河省區內鐵路及特殊經管之公路與水道運輸業務暨其他附屬事業，設置東北運輸總局。

第二條　東北運輸總局設左列各處室：

　　　　一、計劃室

　　　　二、秘書處

　　　　三、運輸處

　　　　四、業務處

　　　　五、附業處

　　　　六、工務處

　　　　七、機務處

　　　　八、電務處

　　　　九、材料處

　　　　十、總務處

　　　　十一、會計處

　　　　十二、人事室

第三條　計劃室掌左列各事項：

　　　　一、關於鐵路碼頭倉庫建築保養修理之設計事項；

　　　　二、關於鐵路汽車船舶裝配保養修理之設計事項；

　　　　三、關於全區運輸網之計劃設施事項；

　　　　四、關於經濟與業務配合發展之計劃事項。

第四條　秘書處掌左列各事項：

　　　　一、關於文書及機密文件之處理事項；

二、關於印信之典守事項；

三、關於刊物之編輯翻譯事項；

四、關於章則之審核制定事項；

五、關於各種統計之搜集彙編事項。

第五條　運務處掌左列各事項：

一、關於行車安全事項；

二、關於車輛船舶之調度事項；

三、關於其他運輸事項。

第六條　業務處掌左列各事項：

一、關於客貨運價之擬訂事項；

二、關於客貨運章則之審訂解釋事項；

三、關於營業計劃與運輸合約之洽訂事項；

四、關於業務與交通線之經濟調查事項。

第七條　附業處掌左列各事項：

一、關於工業生產管理事項；

二、關於農林培植生產事項；

三、關於漁牧生產管理事項；

四、關於礦業生產管理事項；

五、關於工業農林漁牧礦業產品之營業事項。

第八條　工務處掌左列各事項：

一、關於鐵路碼頭倉庫之建設事項；

二、關於鐵路碼頭倉庫之保養事項；

三、關於工務器材之支配調撥事項。

第九條　機務處掌左列各事項：

一、關於機務廠場之設計事項；

二、關於車輛之檢驗事項；

三、關於車輛船舶之修理保養事項;

四、關於機械工程之考核事項;

五、關於機務器材之支配調撥事項。

第十條　電務處掌左列各事項:

一、關於所屬專用電話電報之設配裝修檢驗調度事項;

二、關於所屬專用電訊工程之籌備設計事項;

三、關於所屬鐵路號誌之設計裝置管理事項;

四、關於電務器材之支配調撥事項;

五、關於電力之供應與分配事項。

第十一條　材料處掌左列各事項:

一、關於料帳之稽核登記統計報銷事項;

二、關於材料之調查詢價招標事項;

三、關於材料之採購籌集保管儲備轉運檢驗事項;

四、關於材料倉庫之設備管理事項;

五、關於廢舊材料之利用設計事項;

六、關於材料之製造配修事項。

第十二條　總務處掌左列各事項:

一、關於文件收發及保管事項;

二、關於經費出納及保管事項;

三、關於財產物品之保管事項;

四、關於庶務及其他不屬於各處事項。

第十三條　會計處掌左列各事項:

一、關於製具記賬憑證登記賬冊編製各項會計報告等事項;

二、關於經費收支賬據之審核財務之調撥
　　及債務之整理事項；

三、關於本局預算之編擬及所屬各機關預
　　決算之審核事項；

四、關於會計制度章則之審擬事項；

五、關於不屬於上述之一切會計事項。

會計處長受主計長及交通部會計長之命，
並受所在機關長官之指揮，督率所屬辦理
本局一切會計事務。

第十四條　　人事室掌左列各事項：

一、關於員工之進退遷調及銓敘事項；

二、關於員工之獎懲退休撫卹登記及福利
　　待遇事項；

三、關於員工子弟發育及員工訓練事項；

四、其他有關人事事項。

第十五條　　東北運輸總局設局長一人，承交通部部長之
命綜理本局事務，監督此屬職員及機關，副
局長二人至四人輔助局長處理事務。

第十六條　　東北運輸總局設秘書九人，其中四人除承辦
長官交辦事項外，兼辦文書機要編輯事項。

第十七條　　東北運輸總局各處設處長一人，承長官之
命綜理本處事務，必要時並得設副處長二
人輔助處長處理處務。

計劃室設主任一人，主持辦理設計事務，必
要時得設副主任一人輔助主任處理事務。

第十八條　　會計處設處長一人，必要時並設副處長二

　　　　　　　　人，處長、副處長以及此屬人員均應層請
　　　　　　　　主計處核派。

第十九條　　　人事室設主任一人，承長官之命綜理人事
　　　　　　　　工作，必要時得設副主任一人輔助主任處
　　　　　　　　理事務，人事室之組織依照交通部附屬事
　　　　　　　　業機關人事管理機構設置規則辦理。

第二十條　　　東北運輸總局設科長四十人至五十人，各
　　　　　　　　科得視需要酌設股長，科員三百人至四百
　　　　　　　　人，辦事員一百人至二百人，承長官之命
　　　　　　　　辦理各科事務。

第廿一條　　　東北運輸總局設土木總工程司、機械總工程
　　　　　　　　司各一人，得分別兼任工務處處長及機務處
　　　　　　　　處長，土木副總工程司、機械副總工程司各
　　　　　　　　一人，得分別兼任工務處副處長及機務處副
　　　　　　　　處長，正工程司十五人、副工程司三十人、
　　　　　　　　幫工程司六十人、工務員一百人。

第廿二條　　　東北運輸總局設專門委員十人、專員十五
　　　　　　　　人至二十五人、視察十人至十四人、帳務
　　　　　　　　檢查員十二人、材料檢查員八人。
　　　　　　　　為適應事實之需要得聘用顧問。

第廿三條　　　本局各職員之任用，除人事、會計、統計
　　　　　　　　人員另依法令規定外，局長、副局長由交
　　　　　　　　通部派充，總工程司、副總工程司、正工
　　　　　　　　程司、處長、副處長、科長、視察均由局
　　　　　　　　長遴選，報請交通部派充，專門委員及專
　　　　　　　　員由局呈准後自行聘用，其餘人員由局長

委派呈報交通部備案。

第廿四條　東北運輸總局就業務需要得就東北區內設
　　　　　置鐵路管理局及公路水道運輸等機關。

第廿五條　本規程自公布之日施行。

局長	一人
副局長	二人－四人
秘書	九人
處長	十人
副處長	二十人
主任	二人
副主任	二人
科長	四十人－五十人
科員	三百人－四百人
辦事員	一百人－二百人
土木總工程司	一人
土木副總工程司	一人
機械總工程司	一人
機械副總工程司	一人
正工程司	十五人
副工程司	三十人
幫工程司	六十人
工務員	一百人
專門委員	十人
專員	十五人－二十五人
視察	十人－十四人
帳務檢查員	十二人

材料檢查員 　　　八人

總計 　　　　　七五〇人－九七六人

決議：交交通處會同政務、財務兩處簽註意見提會。

丙、散會

東北行轅政務委員會
第十九次常務委員會議紀錄

時　間　三十六年十二月廿日上午九時
地　點　瀋陽本會三樓主任委員室
出席人　王副主任委員樹翰　高常務委員惜冰
　　　　王常務委員家楨　　馮常務委員庸
　　　　朱常務委員懷冰
列席人　劉主任慕曾
主　席　王副主任委員樹翰

甲、報告事項

（略）

乙、討論事項

一、兼主任委員交議據文化處擬具東北匪區青年招致教
　　育工作改進方案是否可行請討論案。

東北匪區青年招致及教育工作改進方案

一、總則

　　1. 東北匪區青年招致及教育工作，自三十七年度
　　　 起設東北青年招訓隊及東北青年中學分別辦理
　　　 之，期能提高工作效率，並試行計劃教育。

　　2. 東北青年招訓隊隸屬東北行轅政務委員會政治訓
　　　 練委員會，統一招訓匪區來歸學生並統籌其升
　　　 學與就業。

　　3. 改組松北聯立中學、安東省立臨時中學、遼寧

省立臨時中學、興安省立蒙旗中學為東北青年中學，由青年軍（或分由各省市教育廳局）辦理，專接收青年招訓隊分發之學生，不得自行招生。

4. 青年招訓隊及青年中學學生一律採取公費制度，青年中學教職員分期甄審，逐漸改為委任制。

二、關於青年招訓隊者

1. 青年招訓隊於三十七年元月正式成立。

2. 招訓學生以年在十五歲以上二十五歲以下，具有小學以上畢業程度由匪區來歸者為限。

3. 招訓地點暫劃下列兩區：

（1）瀋陽區：辦理遼寧、遼北、安東三省及大連市之青年招訓事宜。

（2）長春區：辦理吉林、松江、合江、嫩江、黑龍江、興安六省及哈爾濱市之青年招訓事宜。

4. 於瀋陽、長春兩地視招致人數多寡分別設置青年招訓大隊或總隊。

5. 各青年招訓隊得在接近前線地帶設置青年招待站，並成立秘密招致小組深入匪區進行招致工作。

6. 招訓事宜應與黨政軍有關機關密切聯繫。

7. 訓練期間暫定為三個月，遇必要時得延長之。

8. 訓練內容著重軍事訓練及政治訓練，以改造其生活，確定其思想。

9. 訓練期滿後按下列辦法分發之：

（1）為適應動員戡亂之需要，得就受訓青年中選拔優異，設立特種訓練班訓練之。

（2）適於升學者分發各青年中學。

（3）不適於升學者，得就其學能分發有關部門工作或編入軍隊服役。

10. 青年招訓隊之經費由各該隊按照實際需要編具預算呈報本會，轉請行政院撥發之。

11. 青年招訓隊編制及所需官佐由政治訓練委員會訂定並簽派之。

三、關於青年中學者

1. 松北聯立中學第一、二、三、四、五、六分校歸併為五校，改稱為東北第一、二、三、四、五青年中學，安東省立第一、二臨時中學及遼寧省立撫順、鞍山兩臨時中學歸併為三校，改稱東北第六、七、八青年中學，興安省立蒙旗中學改組為東北蒙旗青年中學，限三十七年二月底以前改組完竣。

2. 東北第一、二、三、四、五青年中學專收容長春青年招訓隊分發之學生，東北第六、七、八青年中學專收容瀋陽青年招訓隊分發之學生，東北蒙旗青年中學專收容長春、瀋陽兩青年招訓隊分發之蒙旗學生。

3. 青年中學教育方針應與政治、經濟、國防諸項建設密切配合，逐漸調整，除酌留數校辦理普通中學外，其餘各校則參照建設計劃及社會需要限期改為各種職業技術學校。

4. 青年中學除按教育法令辦理外，應加強政治訓練與軍事管理。

5. 青年中學之畢業生升學就業問題統籌辦理之，適於升學者由學校供給費用考送指定之大學深造，適於就業者介紹有關部門服務。

6. 青年中學之教育計劃呈報東北行轅政務委員會核定，其辦理情形隨時呈報備查。

7. 青年中學經費由各校造具預算呈報本會轉請行政院撥發之。

8. 各校教職員數額除軍訓人員外，每學級按三、五人任用之。

四、過渡辦法

1. 松北聯立中學、安東臨時中學、遼寧省立臨時中學、興安蒙旗中學及松北聯立中學校務委員會一律限於三十六年十二月底結束辦理交接手續。

2. 各校現有之學生統交由青年招訓隊利用寒假期間訓練考核之。

3. 各校現有之教職員由青年招訓隊選擇調用之。

4. 各校校舍、教學用具及存儲之食糧、燃料等，統借與青年招訓隊使用。

5. 各校三十七年度以前之經費，除遼寧省臨時中學自行清理外，餘由各該省市教育廳局辦理報銷。

6. 青年招訓隊第一期除訓練松北聯立中學、安東省立臨時中學、遼寧省立臨時中學及興安蒙旗中學學生外，並緊急收訓匪區流亡失學失業青年。

7. 青年招訓隊第一期結業後，對於受訓學生根據考核結果重新分發，將借用之校舍、教學用具等仍歸還青年中學。

8. 各青年中學暫仍就原有校舍分配辦理之。

9. 各青年中學定於三十七年四月一日起辦理接收
校舍設備及學生事宜，並限於四月十五日以前
開學。

10. 青年招訓隊及各青年中學之經費於核定前暫由本
會墊撥之。

決議：修正通過總則第三條「由青年軍（或分由各省市
教育廳局）辦理」句刪去，改為「廢除地名番
號改編數字番號」。

二、兼主任委員交議東北建設協會呈請撥發補助費案如
何辦理請討論案。

據會計處呈稱「據東北建設協會呈，略以該會原由
前政治委員會每月補助參拾萬元，現政委會業已結
束，仍請本會繼續予以補助，惟以物價高漲，擬請
在原訂補助款額外多予核撥經費，藉資展開工作等
情前來，經查本會預算尚未成立，擬請暫准每月
補助參拾萬元，所請增加補助費一節似應從緩」
等情，如何辦理，敬請公決。

決議：停止補助。

三、兼主任委員交議據會計處簽呈兼職人員特別辦公費
支給標準是否可行請討論案。

據會計處簽呈稱「查本會各級職員薪俸業經依據人
事組通報發表人員發放在案，至各級兼職人員不在
本會支薪者擬請按照下列各級人員特別辦公費支給

標準發給特別辦公費：

一、特任主管　　伍萬肆千元

二、特任委員　　肆萬捌千元

三、簡任委員　　參萬玖千元

　　簡任主管　　參萬玖千元

四、簡任副主管　貳萬柒千元

五、簡任人員　　壹萬捌千元

　　薦任主管　　壹萬捌千元

六、薦任人員　　　玖千元

以上所擬是否可行，簽請核示」等情，查特別辦公費應規定本行轄及所轄單位一致辦理，該處所擬是否可行，敬請公決。

決議：所擬標準照辦，兼職人員應照中央規定辦理。

丙、散會

東北行轅政務委員會
第二十次常務委員會議紀錄

時　間　三十六年十二月廿三日上午九時
地　點　瀋陽本會三樓主任委員室
出席人　王副主任委員樹翰　　高常務委員惜冰
　　　　王常務委員家楨　　　馮常務委員庸
　　　　朱常務委員懷冰
列席人　劉主任慕曾
主　席　王副主任委員樹翰
紀　錄　楊仲揆

甲、報告事項
（略）

乙、討論事項
一、兼主任委員交議工商處簽呈營城子煤礦請撥救濟費
　　七億三千八百萬元及阜新新邱煤礦請撥救濟費及復
　　工費一百五十餘億元案是否可行請討論案。
決議：俟目前戰役告一段落再議。

二、兼主任委員交議東北水利工程總局擬呈所屬工程局
　　及工程處工務所組織簡則一種是否可行請討論案。
決議：照該總局原呈通過。

丙、散會

東北行轅政務委員會
第二十一次常務委員會議紀錄

時　　間　三十六年十二月二十五日上午九時
地　　點　瀋陽本會三樓主任委員室
出席人　　王副主任委員樹翰　　高常務委員惜冰
　　　　　王常務委員家楨　　　馮常務委員庸
　　　　　朱常務委員懷冰
列席人　　劉主任慕曾
主　　席　王副主任委員樹翰
記　　錄　楊仲揆

甲、報告事項

（略）

乙、討論事項

一、兼主任委員交議東北各省市政治戰指導綱要草案是
　　否可行請討論案。

東北各省市政治戰指導綱要草案

（一）前言

　　東北為國家生命線，建設中國必先建設東北，建設
東北首須排除障礙，排除障礙固有賴於軍事，但鞏固軍
事基礎、發揮軍事之效果，則必須政治與軍事互相配
合，相輔而行，始克完成使命，為服行上項任務，必先
簡化行政機構，精選行政幹部，集中意志，嚴肅紀律，
而為堅強之戰鬥體，動員所有人力、物力配合軍事，對

共匪廣泛發動政治戰，以加強戡亂力量，俾早日肅清匪
患，完成建國大業。

（二）總則

一、本綱要根據本會施政綱領制定之。

二、政治戰之任務在對共匪發動政治、經濟、文化之鬥
　　爭，動員人力、物力、財力與軍事齊頭並進，或為
　　軍事上之前鋒及後盾，以爭取勝利。

三、政治戰之目的在集中意志，集中力量，統一步驟，
　　以共匪為唯一鬥爭目標，配合軍事增強力量，以加
　　速剿匪之成功。

四、政治戰應把握地理環境、政治環境、民族關係，因
　　時因地而制宜，以本綱要為最高指導原則，不拘法
　　令形式，運用各種力量，使用各種技術，務求逐漸
　　強大自己，瓦解敵人。

五、實施政治戰之各級機關應裁併駢枝機構組織，力
　　求緊密意志，力求一致紀律，力求嚴肅，使成為協
　　同一致之戰鬥體，並應加強所屬各單位獨立之機動
　　性，即在緊急困難之際，仍能竭盡手段單獨進行其
　　戰鬥任務。

六、各級公務員役一律施行軍事管理，以養成軍事化的
　　生活，而發揮革命犧牲之精神，並施以政治鬥爭技
　　術之訓練，以適合戰鬥的要求。

七、東北行轅轄屬地區開展政治戰，以政務委員會為指
　　導機構，省縣市旗政府為戰鬥主體，鄉鎮為戰鬥單
　　位，民眾為戰鬥主力。

八、實施政治戰各級機構黨政應有密切聯繫，軍政應有

協同精神。

九、實施政治戰之各級機關學校團體在敵後及前線者，其設備務力求簡單適合，關於工作上必要之物品，應作輕便裝置，以便隨時作機動之處置。

十、各級機關經費應力求撙節，視其工作進度之情形以定增減之標準。

（三）政治

十一、政治鬥爭之最高原則，在於強化政府組織，發揮民眾力量，鼓舞民氣，一致動員，使全體軍民認清國家敵人，了解戡亂建國之意義，期能誓行主義，效忠國家，以勇敢犧牲之精神作同心協力之奮鬥，迅速達成剿匪軍事之任務。

十二、為使各級黨政軍團協同一致配合作戰起見，一切行動務求一元化，其辦法如左：

甲、各地黨政會報務須切實舉行。

乙、地方武力應統一編組，分別由省主席（院轄市長）、縣市旗長統一指揮。

丙、駐在縣市旗境內之部隊必須與地方政府合作，如遇匪警互相救助。

丁、政府與部隊同處一地，應受資深者之領導。

十三、實施政治戰之各級政府不得離開轄境，其辦法如左：

甲、各級地方政府不得離開轄境，如至情況萬分惡劣時，化整為零，分組流動工作，但須保持密切聯繫，藉民眾掩護，繼續展開鬥爭工作。

乙、轄區被匪所佔，其政府已離轄區者，應一
律進入轄區或進至鄰近轄區之前線，派遣
幹部秘密潛入建立政治據點，以為政治鬥
爭之基地，其建立鞏固與擴張要點如下：

子、全部匪佔之省市縣旗應選擇適宜地點
建立政治據點一個或數個，一部匪佔
之省市縣旗應先就可能控制區域使其
鞏固再逐漸擴充。

丑、每個政治據點建立鞏固後，應逐漸向
匪區伸展，建立若干新據點，同時使
之連成一片，進而連結所有據點，使
全境成為一完整面。

寅、政治據點之秘密與公開應視環境而
定，如力不能保障時，為避免不必要
之犧牲，先暫保持秘密，逐漸公開為
原則。

卯、政治據點內之每一片土、每一個人、
每一件事均須在我嚴密掌握之下，不
容絲毫鬆懈，以防反動勢力滲入，一
切工作均應把握時間與空間，先就政
治據點內完成之。

十四、組訓民眾應按其性質任務分別進行：

甲、地區組訓，在力能控制之據點內應依行政
區劃嚴密組織，並督導舉行保民大會及鄉
（鎮）民大會，期在軍事刺激之下啟發人民
國家觀念，藉以提高其政治認識，增進其參

政興趣，以期廣泛發動政治鬥爭之力量。

乙、團體組訓，各民眾團體應就性別、年齡、職業分別輔導組織如農會、工會、商會、教育會、婦女會等，選擇其中忠黨愛國之健強份子以為幹部，並得就各該團體內組織義勇隊、少年團等，以為運用組織之細胞，以達到「組織即力量鬥爭即訓練」之要求。

丙、任務分配，就上項地區組織與團體組織之民眾區分各種任務，如守望、偵察、破壞、宣傳、運輸、救護、慰勞等，針對實際需要運用之，切忌名目繁多致滋紛擾，尤以不脫離其生產，不影響其生活，為動員民力必要之準則。

十五、動員所有基層行政幹部嚴密編組保甲，務求人不離戶、戶不離甲、甲不離保，使保甲成為一堅固之機體，以鞏固政治鬥爭陣線。

十六、動員所有機關學校團體輪流清查戶口，對戶戶狀況、人人行動調查詳實記載清楚，對思想上、行動上具有嫌疑份子觀察其思想，監視其行動，務使奸匪無法潛滋，以肅清政治戰場而達政治封鎖之目的。

十七、加強軍民合作組織，廣泛發動民眾，擴大慰勞運動，隨時對國軍招待食宿、做鞋縫衣、公平買賣，並發動部隊官兵愛護人民、態度客氣、協助收割，予人民以良好之印象，使其積極的反抗匪軍，消極的不與匪軍合作。

十八、優待出征軍人家屬，減輕其捐稅之負擔，發動
　　　鄰里協助其耕種，利用種種方法給與榮譽，以
　　　提其社會地位，擴大人民參軍運動，切實依法
　　　辦理兵役，使適齡壯丁人人心願負兵役，以增
　　　強軍事力量。

十九、切實救護傷病官兵，發動人民擔架輸送、捐助
　　　醫藥、慰問慰勞，並救濟難民，對老弱殘廢維
　　　持其最低限度之生活，對壯年及知識分子介紹
　　　其相當工作，以吸收匪區民眾自動來歸。

二十、樹立絕對廉能政府，屬行獎懲，一人作二人
　　　用，一文錢作二文錢用，切戒沓泄浪費，部下
　　　貪污，層級長官連帶負責，依法從重治罪。

二十一、選派忠實幹員潛入匪佔區及匪方陣線中工
　　　　作，其範圍及方式如左：

　　　甲、偵察匪方動態，分化匪方勢力，毀滅其
　　　　　危害國家之企圖，對其工作人員能感化
　　　　　者，則促其反正，不能感化者，相機消
　　　　　滅之。

　　　乙、爭取匪方黨政幹部積極的為我方地下
　　　　　工作，消極的投降來歸，以瓦解匪方黨
　　　　　政組織，並鼓動匪方厭戰，策動匪軍反
　　　　　正，以瓦解匪軍組織。

　　　丙、發動匪佔區民眾反抗奸匪徵兵、徵糧、
　　　　　徵工及一切勞役，抵抗奸匪「坦白」、
　　　　　「鬥爭」、「清算」等暴行，造成人民
　　　　　與奸匪之敵對壁壘。

　　　　丁、發動匪佔區青年秘密來歸，參加後方生
　　　　　　產運輸工作，或參加國軍作戰，或潛伏
　　　　　　匪後秘密武裝游擊響應國軍，直接分散
　　　　　　匪軍力量，間接加強國軍戰鬥聲援。

（四）經濟

二十二、　經濟鬥爭之最高原則，應以全力擾亂匪軍之
　　　　　金融政策，破壞匪軍生產事業，並防制其吸
　　　　　收，運用我物力、人力以粉碎其經濟戰之企
　　　　　圖，一面扶殖後方人民增加生產，協助購運
　　　　　有利於我之各種物資，充實後方爭取勝利。

二十三、　協同部隊嚴密封鎖對匪交通經濟線，使分釐
　　　　　物資不流入匪區，以斷絕匪方補給，削弱匪
　　　　　軍力量。

二十四、　鼓舞並指導農民工人改良農具、種籽消毒及
　　　　　防蟲、愛護機件等應注意事項，提高工作效
　　　　　率，以加強生產，充實軍事力量。

二十五、　發動匪佔區民眾對匪實行經濟不合作運動：
　　　　　甲、罷工怠耕，拒絕與匪軍交易。
　　　　　乙、拒絕使用匪軍鈔票並破壞其信用。
　　　　　丙、抗繳匪軍一切捐稅。
　　　　　丁、不為匪做工引路及運輸物資。
　　　　　戊、制裁與匪合作之奸商。

二十六、　領導民眾從事經濟游擊，其任務如左：
　　　　　甲、破壞匪軍之企業機構及其生產工具。
　　　　　乙、焚燬匪軍之資源倉庫。
　　　　　丙、阻擾匪軍之交通運輸。

二七、為打擊匪軍對我方經濟掠奪，應作如下之活動：

甲、勸導並協助人民將重要物資或巨量動產隨時疏散，移置安全地帶。

乙、勸導人民以襲擊方式對付匪軍之掠奪行為。

丙、如遇緊急關頭，所有重要物資無法搶運時，應設法燬滅之。

二八、對我方有利之各種物資發動人民秘密搶運，必要時利誘匪佔區商人重價購運，以穩定我方經濟，鞏固軍事基礎。

二九、發動人民保護鐵路、公路，反抗匪方指使破壞橋樑及挖毀路基，並切實管理境內人力及交通工具，以加強經濟鬥爭效力。

三十、普遍發展各級合作事業，切實平抑物價，改善人民生活。

三一、切實遵照中央法令，清理房地產權，嚴厲禁止豪門藉勢巧奪強取。

（五）文化

三二、文化鬥爭之最高原則在於發揚民族本位之三民主義文化教育，以對抗奸匪之亡國教育，尤應側重於國民精神之振奮，刷新充實民眾之內心熱力，增強民眾同仇敵愾之堅強意志，使戡亂軍事得以順利進行。

三三、調查及破壞匪方文化機關，打擊匪方宣傳活動，查禁並毀滅其書籍刊物及其他宣傳品。

三四、文化鬥爭之學校教育方式如下：

甲、設有大學、中學之縣市必須盡量招收匪戰
　　區來歸相當程度之學生，為顧慮軍事動盪
　　下之轉徙遷移，應有合理之軍事管理，設
　　備亦力求簡單，期能機動自如。

乙、安全區各縣市應普設中等學校及國民學
　　校，儘量招攬匪佔區之小學畢業及小學生
　　來歸就學，匪佔區各縣市盡可能多設正規
　　學校，如在匪軍控制之下無法舉辦時，得
　　以私塾掩護秘密推行國民教育。

丙、如正規學校及私塾均不能如理想之要求創
　　立或敷設時，應設流動學校巡迴施教。

丁、匪佔區各級學校所需之教材得由各學校根
　　據教學時間及環境需要斟酌編訂之。

戊、勸導並制止匪佔區青年兒童就讀匪軍所辦
　　之各級學校。

三五、文化鬥爭之社會教育方式如下：

甲、廣設民眾夜校，推行補習教育。

乙、在若干中心地點設立文化服務站，供應小
　　型書報。

三六、以種種方式作各種宣傳：

甲、宣傳內容

　　子、闡揚三民主義，宣傳中央德政，提示
　　　　戡亂建國之意義，以駁斥奸匪荒謬之
　　　　言論。

　　丑、暴露匪軍禍國殃民之史實，報導匪軍
　　　　清算鬥爭殺人放火之暴行，指出匪軍

勾結異族危害國家之事實，並說明我軍
力量及軍事進展情形，暴露奸匪內鬨分
裂之醜態，以決定人民對政府之信心。

寅、擴大行憲宣傳，揭破奸匪新民主主義
及其所標榜愛國統一陣線之虛偽，闡
明國民黨還政於民之決心，以正確民
眾對民主政治之認識，粉碎奸匪歪曲
之宣傳。

乙、宣傳技術不可拘泥呆板，應斟酌時間、空
間與對象之生活習慣、興趣、要求及領悟
程度以決定之，並利用一切機會及手段進
行宣傳工作。

子、普通編印通俗書刊、讀物、壁報、
圖畫。

丑、利用民間流行之山歌、童謠、小調等
形式加入宣傳內容。

寅、利用民間自動集合機會如廟會、節
日、集市等施行宣傳。

卯、利用算命、測字、看相、說書、賣唱
等掩護方式至敵後秘密宣傳。

辰、利用一切可資掩護之場所（如舊書店、
小書攤、人群擁擠之地）、時間（如黃
昏、拂曉、狂風暴雨忽來之時、街燈忽
滅之時、集會散會之時）與物件（如請
柬、訃告、包物紙等）至敵後散播宣傳
文字。

三七、招致匪佔區之失學青年及失業之智識份子，施以實際工作之訓練，視其體力、學識、能力、志願、環境分別予以適當之工作，或派回匪區從事各種地下活動。

（六）附則

三八、本綱要所列事項係就一般規定，實施政治戰各級機關得就地理環境及政治環境之實際情形訂定實施辦法。

三九、實施政治戰各級機關應將執行本要領工作情形隨時報告政務委員會備查，並由政務委員會隨時派員督導之。

四十、實施本綱要時，所有各級政府頒行之普通單行法令與本綱要有衝突時，應以本綱要為準，本綱要未規定之事項則依其他有關法令辦理之。

四一、本綱要由東北行轅公佈施行。

決議：修正通過：第十四條「嚴密組織」句下加「加強自衛力量」，第三十條「切實平抑物價」改為「切實調整物價」。

二、兼主任委員交議東北行轅政治工作隊工作手冊草案是否可行請討論案。

東北行轅政治工作隊工作手冊（草案）

壹、前言

　　戡亂建國必須軍事政治相輔而行，以軍事掩護政治，以政治鞏固軍事，政治工作隊或以宣傳指導或以機動突擊方式負起政治作戰任務，為軍事之前鋒，為民眾

之領導，凡足以妨害人民之利益、社會之安全者，均為
鬥爭對象，強大自己，瓦解敵人，爭取勝利，完成東北
全面政權之確保。

貳、總則

一、政治工作隊各級人員要有革命犧牲精神，澈底根絕
　　官僚作風與以特殊自居的氣習。

二、各項工作依隊員個人意志自由參加，所有隊務由下
　　而上會議解決，人人發揮作用，事事達到成功。

三、政治工作隊之工作方針要針對奸匪一切設施，以組
　　織對抗組織，以行動對抗行動，工作程序要分輕重
　　緩急，擇要著手，切戒浪費人力、物力，更要把握
　　空間、時間，務求效率速成果大。

四、政治工作隊之工作地區為前線與匪後，各省市政治
　　工作隊必要時應進至本省市轄區內之前線與匪後，
　　行轅直屬大隊視軍事之需要臨時指定其工作地區。

五、政治工作隊紀律要絕對嚴肅，隊員私生活要絕對
　　謹飭，對違法者除依法制裁外，並由各隊自訂懲
　　罰辦法。

六、政治工作隊員要自動自發負起責任，以轉移社會風
　　氣，處處打擊奸匪，事事有利人民，抱有我無敵、
　　有敵無我之決心，冒險犯難勇往直前，完成轟轟烈
　　烈之偉大事業。

七、政治工作隊隊員對工作態度要認真切實，必達目
　　的，對人態度要和平耐煩，設法說服，不居功、不
　　避怨，盡力協助所在地各機關使其成功，切忌侵犯
　　各該機關之職權。

參、政治部門

八、協助地方機關編組保甲，務使保無漏甲、甲無漏戶、戶無漏丁，求其組織嚴密，異動詳明，以達到奸匪無法混入存身之目的。

九、協助地方機關清查戶口，查明家家狀況、人人身份，對嫌疑份子尤應考查其思想，注意其行動，以肅清政治戰場。

十、協助人民組織自衛使其嚴密，普遍強化其紀律，發揚其力量，利用其保家保鄉之觀念，啟發其政治鬥爭以為組織訓練之中心，使每個國民均成為組織細胞，每個組織均成為一個有紀律之戰鬥體。

十一、慰問慰勞出征軍人家屬，商請地方政府優待征屬，運用種種方法提高征屬之社會地位，擴大人民服兵役運動，使適齡壯丁人人心願自動服兵役，以增加國軍力量。

十二、深入民間闡明愛護和擁護國軍的意義，以加強人民協助軍隊之熱忱，擴大慰問慰勞、招待食宿、做鞋做衣、公平買賣，並調解軍民糾紛促進軍民合作。

十三、檢舉貪污，調查事實，搜集證據，密報本轅依法處理，但不得直接攻訐或向人民惡意宣傳，以保持政府威信，尤應居於絕對的客觀地位，不可介入絲毫感情。

十四、選派忠實精幹隊員潛入匪方工作，偵察其動態，分化其勞力，毀滅其危害國家之企圖，對其工作人員能感化者則促其反正，不能感化者相機

消滅之。

十五、摧毀奸匪一切黨政組織，對奸黨政治幹部爭取其
　　　怠職來歸或為我方地下工作，鼓動匪軍厭戰，
　　　策動匪軍反正，瓦解匪軍組織。

十六、發動匪區人民反抗奸匪徵兵、徵糧、徵工，抵抗
　　　奸匪「坦白」、「鬥爭」、「清算」，必要時
　　　武裝人民以策應我方軍事之進展。

十七、爭取匪區青年壯丁秘密來歸，參加國軍作戰，響
　　　導國軍前進。

十八、協助地方政府救濟難民，並協助發放救濟款物。

肆、經濟部門

十九、鼓舞指導農民工人增加生產，節約物資，並勸
　　　導人民將重要物資移置安全地點，以充實軍事
　　　力量。

二十、協助地方機關及部隊嚴密封鎖對匪交通經濟線，
　　　使分寸物資不流入匪區，以斷絕匪區補給，削
　　　弱匪軍力量。

廿一、發動匪區人民對匪實行經濟不合作運動，拒絕
　　　使用匪軍鈔票並破壞其通貨信用，抗繳匪軍捐
　　　稅，不為匪軍做工、引路、運輸，並消極的怠
　　　工，拒絕與匪軍交易。

廿二、領導人民從事經濟游擊，破壞匪軍之企業機構及
　　　生產工具，焚毀其資源倉庫，阻擾其交通運輸。

廿三、對我方有利物資發動民眾以襲擊方法向匪區搶
　　　運，必要時爭取匪區商人重價購運，以穩定我
　　　方經濟，鞏固軍事基礎。

廿四、協助地方政府改善人民生活。

廿五、發動民眾保護鐵路、公路，並協助地方及交通機關切實管理交通工具，以加強經濟鬥爭之效力。

伍、文化部門

廿六、宣揚政府法令政績及德意，闡明剿匪之目的為救民建國，說明我方軍事力量及奸匪內部糾紛與分裂情形，以加強人民對政府之信心。

廿七、報導匪軍禍國殃民之史實，說明匪軍清算鬥爭、殺人放火之暴行，指出匪軍勾結異族危害國家之事實，以爭取匪軍自首投誠及匪區民眾之來歸。

廿八、擴大行憲宣傳，揭破共匪所標榜之「新民主主義」與「愛國統一陣線」之虛偽及國民黨還政於民之決心，以正確民眾對真正民主政治、粉碎奸匪之歪曲宣傳。

廿九、協助地方政府創設辦理學校收容匪區兒童，並派幹部潛入匪區創立學校，如不能達到理想之要求，即辦理流動學校巡迴施教。

三十、調查並破壞匪方文化及情報機關，打擊匪黨宣傳活動，查禁並毀滅其宣傳品。

卅一、普遍編印通俗書刊、讀物、壁報、圖畫，造成正確輿論，糾正邪說謬論，提高人民文化水準，轉移社會風氣。

卅二、宣傳技術不可拘泥呆板，應斟酌時間、空間及對象之生活習慣、興趣、要求與瞭解程度以決定之，並利用一切機會及手段進行宣傳工作。

　　子、利用民間流行之山歌、童謠、小調等形式
　　　　另換宣傳內容。

　　丑、利用民間自動集會機會如廟會、集市等施
　　　　行宣傳。

　　寅、利用算命、測字、看相、說書、賣唱等掩
　　　　護方式至匪區秘密宣傳。

　　卯、利用一切可資掩護之場所、時間與物件至
　　　　匪後散播宣傳文字。

卅三、協助部隊長官加強士兵識字及政治常識教育。

陸、附則

卅四、本手冊所列事項係就一般規定，各政治工作隊應
　　　視環境及事實之需要另訂實行辦法。

卅五、政治工作隊工作情形應隨時報告政務委員會
　　　備案。

卅六、本手冊由東北行轅頒佈施行。

決議：照案通過。

三、兼主任委員交議據物調會簽請改訂該會配售物價如
　　何辦理請討論案。

　　　據工商處簽呈稱「查物調會簽請改訂該會配售公教
　　　員工及住宿學生食糧優待價及平價一案，經核所
　　　擬改訂麵粉、一二等高粱米及小米四種食糧價格較
　　　原價分別增加百分之四十四至百分之一百二十五，
　　　平均增加百分之九十八，其中高粱米一項係主要食
　　　糧平均價格增加百分之一百一十一強，經派員至該
　　　會洽查購進成本，其十一月份高粱購進原價平均為

三三九・九五元，加運雜管理等費及扣除加工損耗後，高粱米實際成本為五九一・六一元，其所擬改訂配售價格平均較成本為低，復查邇月以來食糧市價飛越該會所擬改訂價格，仍僅及市價之半，該會歷月因配售公教員工及學生食糧虧損甚巨，即照所擬價格改訂以後亦仍有所虧損，為顧及該會再購進成本計，該會配售公教員工學生食糧擬請准予照該會所擬改訂價格自十二月份起調整，是否有當，簽請鑒核批示」等情，是否可行，敬請公決。（附配價表乙份）

配售公教員工及住宿學生改訂糧價明細表

單位：市斤／流通券圓

品名	單位	公教人員			
		現行配價		改訂配價	
		優待價	平價	優待價	平價
麵粉	市斤	450	500	650	750
一等高粱米	市斤	250	300	500	600
二等高粱米	市斤	200	250	450	550
小米	市斤	200	250	450	550
品名	單位	住宿學生			
		現行配價		改訂配價	
		優待價	平價	優待價	平價
麵粉	市斤	－	－	－	－
一等高粱米	市斤				
二等高粱米	市斤	200		450	－
小米	市斤	200		450	－

備註：
1. 優待價：以公教人員及眷屬為限。
2. 平價：以公教工警暨公營業務人員為限。
3. 配售數量：
（1）職員：麵粉、一等高粱米各（15）市斤。
（2）工警暨公教人員眷屬：小米、二等高粱米各（15）市斤。

決議：照辦。

四、兼主任委員交議據農田水利處簽稱長春實驗林場
　　已洽由農林部接辦請仍維持原案等情如何辦理請
　　討論案。

　　據農田水利處簽呈稱「查長春林場原為農林部接收
　　之單位，前由經委會商得該部之同意，交由經委會
　　設場接管，本會成立後為確定該場隸屬起見，曾由
　　本處簽奉批示「撥交有關機關續辦」等因，當經電
　　詢該部願否接辦，准該部平林對真電覆同意接辦，
　　並派專門委員康兆庚前往接收，復經本會電令該場
　　知照各在案，此次本會第十八次常務委員會議決議
　　將長春實驗林場撥交長春市政府等語，查本案既經
　　決定交由農林部接管，如再變動必多不便，且查該
　　場為事業機構，年需經費甚大，長春市政府能否接
　　管經營不無疑慮，茲值年度終了，本案亟待決定，
　　擬請仍維原案准予交還農林部接辦，以利業務之進
　　行，是否有當，理合備文簽請鑒核示遵」等情，應
　　如何辦理，敬請公決。

決議：照辦。

五、兼主任委員交議本會會議規則應予修訂請討論案。
國民政府主席東北行轅政務委員會議規則修訂草案

第一條　本規則依據國民政府主席東北行轅政務委員會
　　　　組織規程第十一條之規定訂定之。
第二條　本會會議分為全體委員會議及常務委員會議。
第三條　全體委員會議每月舉行二次，常務委員會議每
　　　　週舉行二次，由主任委員召集之，但因特別事

故得召開臨時會議。

第四條　本會主任委員為會議時之主席，主任委員因事
　　　　不能出席時，由副主任委員擔任之。

第五條　左列人員得列席各種會議：

　　　　一、東北行轅參謀長秘書長；

　　　　二、本會各處室會長官；

　　　　三、其他奉主任委員命列席之人員。

第六條　常務委員會議議事範圍如左：

　　　　一、會內業務推進會報不能商決事項；

　　　　二、法令規章無依據，為爭時效不及提全體委
　　　　　　員會議研議事項；

　　　　三、各處會呈擬案件其性質重要經主任委員認
　　　　　　有提會研議必要事項；

　　　　四、主任委員、副主任委員交議事項。
　　　　　　所有經常務委員會議決議事項，於全體委
　　　　　　員會議開會時提出報告。

第七條　全體委員會議議事範圍如左：

　　　　一、常務委員會議未能決定之事項；

　　　　二、關於全東北重要施政之改革及制度變更之
　　　　　　擬議事項；

　　　　三、主任委員、副主任委員交議事項；

　　　　四、各委員提案。

第八條　各委員提案應將案名、理由、辦法、附件及提
　　　　案人分別載明，於開會前二日送主任委員辦公
　　　　室彙編議事日程。

第九條　主任委員辦公室收到各項提案後應即彙編議事

日程，於開會前一日付印分送各委員及有關列
席人員。

第十條　　本會會議非有委員過半數之出席不得開議，非
有出席委員過半數之同意不得表決。

第十一條　列席人員就主管或有關議案有發言權但無
表決權。

第十二條　全體委員會議得分組審查議案，就所有委
員分為若干組，由主任委員指定並分別指
定組召集人，遇有經表決應付審查案件
時，得依類交付審查，並由主任委員臨時
指定主管或專門人員參加之。

第十三條　提案經由決議後即由主任委員辦公室製成
紀錄即分送各委員及主管單位。

第十四條　各項決議案在開始執行前認為有修整或變
更之必要時，得由主任委員或委員三人以
上之動議提付覆議。

第十五條　本規則呈奉行政院核定施行，如有未盡事
宜，得隨時修改之。

決議：照修訂草案修正通過：第二條第一款改為「臨
時發生急待處理事項」，第二款改為「法令規
章無依據，為爭取時效不及提全體委員會議討
論事項」，並增列「全體委員會議決議案執行
事項」為第五款，又第八條「於開會前二日」
改為「於開會前三日」。

丙、臨時動議

一、馮常委提請通令本會各單位及各機關于下班後留置
　　重要科室負責人員處理緊急公務及偶發事件案。

決議：原則通過，交主任委員辦公室詳擬辦法通令
　　　　遵行。

二、馮常委提據報鐵嶺縣違令抗命禁糧出境擬請提付懲
　　戒並令即刻放行案。

　　　　昨（廿四）夜八時據軍運指揮部牛副指揮官轉調度
　　　總所電話報告「查鐵嶺已購之糧百卅火車車已撥
　　　到待裝，而地方政府不准啟運」等語，查各縣不准
　　　禁禁出境，行轅已一再通令各省轉飭轉禁，刻瀋市
　　　糧荒已達極點，購糧機關之糧尚不准啟運，商民自
　　　運當更為難，似此違令抗命，坐視瀋市饑荒，居心
　　　何在，法所難容，擬請提付懲戒以維行轅命令之尊
　　　嚴，並迅速責令遼省府轉電鐵嶺縣即刻放行，提請
　　　公決。

決議：查明責任提出本日行轅會報，並即令遼寧省府轉
　　　　飭切實遵令放行。

丁、散會

東北行轅政務委員會
第二十二次常務委員會議紀錄

時　　間　三十六年十二月三十一日上午九時

地　　點　瀋陽本會三樓會議廳

出席人　王副主任委員樹翰　　高常務委員惜冰

　　　　王常務委員家楨　　　馮常務委員庸

　　　　朱常務委員懷冰

列席人　劉主任慕曾　　魏處長鑑

　　　　徐處長鼏　　　甯處長嘉鳳

　　　　崔處長垂言　　杜處長春晏

　　　　崔處長宗培　　許處長文國

　　　　吳處長中林

主　　席　王副主任委員樹翰

記　　錄　楊仲揆

甲、報告事項

（略）

乙、討論事項

一、兼主任委員交議東北國有林採伐暫行辦法應否即行
　　公佈施行請討論案。

　　　據農田水利處簽呈稱「查前經濟委員會農林處為加
　　強森林採伐管理起見，經擬具採伐暫行辦法，報經
　　農林部修正電復在案，自應公佈實施，以符立法原
　　旨，惟查該辦法規定手續較繁，費時亦久，在平時

固屬良法，但值此需用木材急迫之際，實施以後深慮緩不應急，擬暫由農田水利處向有關部門另擬切實易行之辦法，提請常委會審查後公佈施行，至東北國有林採伐暫行辦法，一俟局勢平靖再行公佈施行」等情，如何辦理，敬請公決。

東北國有林採伐暫行辦法草案（農田水利處擬）

一、東北國有林之採伐暫依照本辦法辦理，由東北行轅（以下簡稱本行轅）負責執行。

二、東北國有林之採伐以永續更新及不荒廢林地為原則。

三、凡公私團體及人民申請採伐林木時，須於採伐三個月前填具伐木申請書（附表一），並附林區圖及事業計劃書向本行轅申請核發伐木許可證（附表二），其後如變更其施業計劃時須呈請核定。

四、伐木人填具申請書時，須覓具殷實舖保，以保證伐木人履行申請書核定各事項，如有違犯規定，保證人負完全責任。

伐木人對於核定之採伐量不得有超過之行為，如有故違，取消其採伐權，惟事先呈准者不在此限。

五、國有林按照採伐地最近交易市場之市價徵收百分之五至二十之山價，並依時價徵收管理費百分之八，算出方法按附表計算之（附表三），上項市價由伐木人自行呈報，如低於實際市價時得按報價收買之。

六、伐木人將所伐木材于運至鐵路、公路或筏運之起點後，應報請本行轅派員查驗檢尺烙印（附檢查烙印）。

七、在東北國有林管理機構未成立前，由省政府根據本
　　行轅檢尺通知書（附表四）代收山價及管理費專戶
　　存儲，以充造林保林及改進林業之用，但需用時須
　　呈具計劃，核准後始得動用。

八、各省於收清山價及管理費後通知本行轅加蓋放行烙
　　印（即放行烙印）准其搬運。

九、國有林伐木人經申請准予採伐後，須將選用於林木
　　之記號報請本行轅備案，並須設置各種帳簿分別記
　　載種類、數量、尺碼以憑稽查。

十、國有林有下列情形之一者禁止採伐：

　　1. 凡具有編入保安林之性質者；

　　2. 生於石上陡坡不易造林之地方者；

　　3. 未及採伐時期或胸高直徑未滿二十五公分之幼
　　　稚林木（但與施業有關之疏伐或有特別用途經
　　　許可者不在此限）；

　　4. 經森林管理機關點記保留或規定保護之林木；

　　5. 胡桃楸等特種林木未經許可者。

十一、國有林伐木時如採用擇伐作業，每公頃至少須
　　　保留生長優良之母樹五十至八十株，如採用輪
　　　伐作業時，其輪伐期最少不得少於二十年或輪
　　　伐面積不得超過全林面積二十分之一。

十二、伐木所用工具必須斧鋸並用，不得單獨用斧，
　　　伐木遺留之樹樁高度不得超過三十公分，以減
　　　少林木損失。

十三、伐木時必須選損害最少之方向倒樹，如因不得
　　　已而致受傷之林木應盡量利用不得遺棄林內。

十四、伐木人在伐木、造材、集材、運材時對林內之幼苗及萌芽性根株必須加以保護，非經許可不得採掘林木根株，並任意採收雜草落葉及林內土石。

十五、伐木人應於作業區域內選擇適當地點設置集材場，將已伐倒之林木分別造材集聚，經本行轄派員檢查後即須運出，不得久置林內任其腐朽，又伐木造材時其樹皮、樹枝及邊材應搬出林外盡量利用。

十六、國有林之枯朽及受害之樹木應加以除伐，並盡量利用其未腐朽部份之木材。

十七、國有林伐木人對於伐木區域內預防森林火災須為有效之設備。

十八、伐木人對於林區內之一切設施及其他標記均應負責保護，不得損壞移動，如有違犯得依法處罰之。

十九、國有林採伐進行時，本行轄應隨時派員前往監督指導，如伐木人不遵照本規則之規定，得按照情節之輕重分別責令遵守或予以停止採伐之處分。

二十、國有林區範圍內公私有林之採伐適用本辦法之規定，但除照國有林減半繳納管理費外，得免收山價。

二十一、本辦法自公佈日起施行之。

決議：本案暫緩施行，並由農田水利處會同木材採購委員會另擬簡要辦法提會。

二、兼主任委員交議中長路路產應如何清理請討論案。

　　據交通處簽呈稱「奉交行政院秘書處函囑查明中長路理事會所稱未能遵照院令於三月內將佔用敵偽產業清理竣事一案見復等由，當與中長路局及交通部東北區特派員辦公處各有關機構接洽並函詢中蘇資產劃分委員會，據復稱：

　　『1. 南滿路在俄管時代疆界不明，路用土地廣袤若何，我方殊乏根據可以斷言；

　　2. 中蘇友好條約所訂『直接需要』一語雙方見解不同，將來商談容有爭議；

　　3. 幹線涵義包括較廣，究為何種設備在內，雙方解釋上亦不無問題。

　　根據以上三點，並由該會議定辦法如左：

　　1. 滿鐵路用土地及其定著物由劃分委員會我方委員根據協定認為不應屬於中長者概行劃歸東北運輸總局暫管；

　　2. 不作任何決定性處分；

　　3. 將來對外裁判完成後再定隸屬。』

查該劃分委員會上述未能遵限清竣理由及所擬暫行辦法係屬根據事實兼籌並顧，可供採擇，擬即據情函復行政院秘書處查照准予暫緩實行，俟將來得有結果再行專案呈報，如何之處，敬請核示」等情，如何辦理，敬請公決。

決議：照原簽函復行政院秘書處。

三、兼主任委員交議據政務處簽擬郭任生請發還郭松齡

遺產案處理原則兩項是否可行請討論。

據政務處簽呈稱「奉交國民政府府交字第（一三九九九）號代電及行政院（卅六）七外字第（四六一九六）號代電各一件，為郭任生請發還郭松齡遺產應轉飭從速處理等因，查本案產權前以案情複雜，究宜如何處理，曾經電請行政院核示，迄未奉復，而瀋陽市政府亦以格於法令，現仍擱置未決，亟宜指示辦法，茲擬具處理原則如下：

一、本案產業如經查實確被政府沒收有案，應即作為公產，由所在地之市縣政府管理，其在沒收後光復前業經政府再行處分（如標賣交換）移轉於私人或團體承受者，承受人須檢呈合法證件（如得標及交換證件之類），經主管地權清理機關核明其產權為合法取得後發還之，至此項產業可否發還予郭松齡一節，應由當地市縣政府查明原沒收處分之原因與事實經過，及郭氏取得此項產業之證件層呈國府核示後再憑辦理。

二、本案產業如經查明，並非以政府名義而沒收時，自應依地權清理辦法之規定發還予該產業之真正所有權人接管，茲假定郭松齡為此項產業之真正所有權人，則應由郭氏產業申請發還之代理人檢呈有力證件，經該管市縣政府驗明認為合法後依法發還之，如證件不足或尚有他人提出異議而難憑處理時，則應飭知各該聲請人及異議人逕向該管法院提出確認產權之訴，

　　　　依法律程序進行解決，俟法院判決確定後再由
　　　　勝訴之人檢呈判決書聲請發還。
　　為慎重起見，擬承辦會稿將以上兩項處理原則呈請
　　行政院核復後再憑轉飭瀋陽市政府及遼寧省政府遵
　　照辦理，所擬是否有當，理合檢附原案簽請鑒核示
　　遵」等情，是否可行，敬請公決。
決議：如擬辦理。

四、兼主任委員交議東北運輸總局組織規程草案經交通
　　政務財務三處分別簽註意見應如何辦理請討論案。
　　1.財務處意見
　　（一）查東北運輸總局之組設，依照交通部原議
　　　　　及該局組織規程草案第一條之規定，係為
　　　　　管理東北九省及熱河省區內鐵路及特許經
　　　　　營之公路與水道運輸業務，但目前東北各
　　　　　鐵路已設各路管理局，航運已設東北航政
　　　　　局分別經營水路運輸業務，故在原則上該
　　　　　總局似僅應負統籌設計與考核之責，倘然
　　　　　如此，則該局組織自應簡單，庶免疊床架
　　　　　屋之弊，惟前據該局長函陳以該局之組設
　　　　　乃試行新的網形組織，其任務非僅屬於設
　　　　　計監督，實負有統馭執行之責，例如：
　　　　　（一）機車車輛之統一管理調度；
　　　　　（二）各路用料之統籌統購統配；
　　　　　（三）財政之統馭；
　　　　　（四）機車車輛之統籌修理；

（五）人事之統一管理。

如其如此，則各區路局之實際工作自可因此減輕，而其組織似應同時酌量縮小，否則上下雷同，不惟增加國庫負擔，且權責不清，尤恐影響正常業務，故該總局成立之後對於東北整個運輸機構似應作全盤檢討，如總局與各區局間權責與業務宜如何劃分，其組織宜如何作適當之調整俾臻合理。

（二）在此國庫支絀之時，該局及所屬機構均應力求簡化，並宜先就目前環境及實際業務情形釐定組織，不必過事龐大，如其將來路務開展，原組織不足應付時，自可逐步擴充，該局現擬設十二單位，似嫌稍多，可否按業務性質酌予裁併，又副局長原設二人至四人及各處均得設副處長二人，似亦宜酌減。

（三）關於員額方面，據該局呈報十及十一月份該局及所屬各單位實有員工人數計本局八九三人，附屬單位總機廠、材料總廠、瀋陽製材廠等十單位共四五九九人，瀋陽區管理局一〇五七七人，錦州區局二〇〇二七人，吉林區局七四一三人，齊齊哈爾區局四一九一人，總共四萬七千七百人，並稱吉林、齊齊哈爾兩區鐵路局因共匪竄擾，一部份人員隨軍撤退留瀋，一部份改

調他局服務，以目前東北局勢及通車情形，該局及所屬員額實嫌過多，似應通盤調整緊縮，而齊齊哈爾等局有無繼續保留必要，亦堪研究。

2. 政務處意見

（一）該東北運輸總局原擬組織規程共列十二處室，機構有嫌龐雜，似應酌予裁併。

（二）該局原定員額七五○至九七六人，在此業務未能開展之時亦嫌過多，似應減為四○○至五○○人。

（三）該局係屬業務機關，各項人員配置應以專門人材為主，如原組成規程內所列工程人員員額應予盡量保留，至於各項行政人員員額似可大量緊縮。

（四）該局原定副局長二至四人，核無必要，可減為二人。

（五）該局所設各處除各置處長一人外，副處長應以一人為限。

（六）該局人事室除置室主任一人外，毋庸再設副主任。

（七）該局專門委員可減為三至五人，科長可減為二十至二十五人，科員可減為六○至八○人，並可准用僱員三十至四○人。

（八）該局各處室內部組織原組織規程未經詳細擬列，似應加添明白。

（九）關於財務處所簽第三項對該局各附屬機構

應飭緊縮一節，本處贊同。

3. 交通處意見

（一）東北運輸總局原經明令撤銷，此次成立係
經陳兼主任電請行政院准予恢復，故對該
局之設立問題應無異議。

（二）該局下設十二處室似嫌稍多，惟其係照
交通部修正組織，按各項業務不同性質
劃分，如認必須縮減，應咨請交通部轉
飭辦理。

（三）該局係業務計劃督導執行機構，各項土
木、機械、電機等工程技術人員及運輸、
業務、材料等專門人員以羅致不易，勢須
預為儲備，除按工作需要留用外，似可援
照政治工作隊詳法，就其原編制最低員額
七百五十人內分別抽調一百五十人予以技
術之訓練，以配合將來軍事之進展。

（四）該局副局長同意減為二人，各處副處長視
業務繁簡可減為一人。

（五）關於該局各附屬機構之緊縮，請交通部按
業務需要予以調整，俾恰實際。

以上三處意見究以何者為宜，謹請公決。

決議：推朱常委、王常委、馮常委會同審查，由朱常委
召集，並請陳總局長延烱及交通、政務、財務
三處處長列席。

丙、散會

民國史料 56

內戰在東北：
熊式輝、陳誠與東北行轅
（三）

Civil War in Manchuria: Hsiung Shih-hui, Chen Cheng,
and the Northeast Field Headquarter
- Section III

編　　者　民國歷史文化學社編輯部
總 編 輯　陳新林、呂芳上
執行編輯　林弘毅
封面設計　溫心忻
排　　版　溫心忻、施宜伶

出　　版　開源書局出版有限公司
　　　　　香港金鐘夏愨道 18 號海富中心
　　　　　1 座 26 樓 06 室
　　　　　TEL：+852-35860995

　　　　　民國歷史文化學社 有限公司
　　　　　10646 台北市大安區羅斯福路三段
　　　　　37 號 7 樓之 1
　　　　　TEL：+886-2-2369-6912
　　　　　FAX：+886-2-2369-6990

http://www.rchcs.com.tw

初版一刷　2021 年 7 月 31 日
定　　價　新台幣 350 元
　　　　　港　幣 95 元
　　　　　美　元 13 元
I S B N　978-986-5578-45-9
印　　刷　長達印刷有限公司
　　　　　台北市西園路二段 50 巷 4 弄 21 號
　　　　　TEL：+886-2-2304-0488

國家圖書館出版品預行編目 (CIP) 資料
內戰在東北：熊式輝、陳誠與東北行轅 = Civil
war in Manchuria：Hsiung Shih-hui,Chen
Cheng,and the Northeast Field Headquarter/
民國歷史文化學社編輯部編 .-- 初版 .-- 臺北市：
民國歷史文化學社有限公司 ,2021.07-
　　冊；　公分 .--（民國史料；54-58）
ISBN 978-986-5578-43-5（第 1 冊：平裝）.--
ISBN 978-986-5578-44-2（第 2 冊：平裝）.--
ISBN 978-986-5578-45-9（第 3 冊：平裝）.--
ISBN 978-986-5578-46-6（第 4 冊：平裝）.--
ISBN 978-986-5578-47-3（第 5 冊：平裝）
1. 國共內戰　2. 民國史
628.62　　　　　　　　　　110010760